# ありえない方法で日常が変わる
# 異次元とつながる本

超常戦士ケルマデック

SOGO HOREI PUBLISHING CO., LTD

# はじめに

人は、自分が認識しているものしか見ないのだよ。

例えば、コロンブスたちが初めてアメリカ大陸に上陸したとき、先住民たちは全く気づかなかったという逸話があります。コロンブスたちに話しかけられて、やっと気づき、おおいにびっくりしたというのですね。

当時のアメリカ先住民たちには、「海の向こうから白人がやってくる」などという認識はなかったのですな。

また、ある有名な実験によると、縦縞模様の部屋で育てられた猫は階段を昇ることができなくなるのだそうです。

つまり、われわれは、世界をありのままに見てはいないのかもしれません。脳の中で補正した世界を見ているのでしょう。

ある日、私は自称『UFOを呼べる女』とギャラリー数人と共に『ミステリースポットでUFOを呼ぶ実験』を行いました。

ギャラリーの一人は「UFOなど有り得ん！」と主張する男でした。「物理学的には、光を超えて移動することなど有り得んよ！　長時間かけて地球に来るようなヒマな宇宙人など、有り得ん！」

この男性、なんだかスゴく古い物理学の信奉者のようです。「有り得ん！　有り得ん！」とやたら繰り返すから、『ALIEN』と呼ぶことにしよう！

やがて、われわれの目の前に『UFOを呼べる女』の呼びかけに反応してなのか、怪しい飛行物体が現れました！

「おお！　UFOだ！　UFOだ！」

興奮する一同に対して、私はこう訂正しましたね。

「違いますよ！　UFOは未確認飛行物体の略ですからね。確認してしまった以上、あれはUFOではない！」

「じゃあ！　あれは、なんなんですか！」

「なんだか、わからんものなのだっ！」

すると、『ALIEN』が咆哮しましたね。

「みんな、なにを言ってんだ！　ワシにはなんも見えんぞ！」

変な話ですな。他のギャラリーには怪しげな飛行物体が見えているのに、彼にだけ見えていないのです。

やがて、『ALIEN』はこう言いましたね。

「君たちは幻覚を見ているんじゃないかな？　集団催眠、集団幻覚だ！　これは、不毛な世界だ！」

果たして『ALIEN』が言うように、謎の飛行物体は幻覚だったのでしょうかね？

しかし、そのとき撮った写真には、確かに怪しい飛行物体が写っていたのですよ。

この世界は、実はスゴく不安定なものなのかもしれません。

彼のように固定観念が強い人のおかげで、なんとか安定しているのかもしれませんな。

世界は一つではなく、たくさん存在するのですよ。普段は別の世界の存在を感じることはなかなかありません。しかし、ふとしたきっかけで、突然目の前に現れるのですな。

そして、われわれの周りには、そんな別の世界とつながる『異次元ゲート』というものが存在しているのです！　そこでは、さまざまな不思議な現象が多く確認されていますね。

異次元への扉は意外と近くにあるものなのですよ。

私は仕事上『セッション』として、さまざまな人の話を聞いているのですがね。みなさん実に多様な体験をされています。

これから、私が遭遇した不思議な出来事や、世界の真実を追い求める超常戦士たちが体験した『非日常』を紹介するとしましょう。未知なるものとの出会いによって、世界はどう変わるのか!?

**では、異次元ゲートへ参りましょう!!**

contents



# 第1章 不思議なものに出会ったら？

## 第2章 見えない世界を覗いたら？



## 第3章 異次元へ足を踏み入れたら？

## 第4章

# 新しい世界の扉を開いたら？



## 第5章

# 異次元対談 ケルマとみれいの人生相談ッ！

ケルマデック×服部みれい

ブックデザイン 藤塚尚子（e to kumi）／イラスト たっぺん／DTP 横内俊彦／校正 池田研一

# 第1章

# 不思議なものに出会ったら？

「ＵＦＯ見ちゃった！」
「なんだか調子が悪い……」
「部屋に不気味な影がっ！」
まあまあ、落ち着いてください。
奇妙なことが起こり始めたら、
それは、あなたの日常に変化が訪れる
サインかもしれません。
不可思議な存在たちのイタズラに遭っても、
心配なさらず！　世界を安定させるには、
ちょっとしたコツがあるのですよ。

# 変なものに役立つ!? 「偉人」のパワー

## 奇妙なものは「思念」が原因？

ある女性が、元旦那と会ってご飯を食べたのです。

元旦那が言いました。

「オレ、今度結婚するんだ」

彼女は「そうか、良かったね」と返しましたが、内心は複雑だったと言います。

その夜、彼女は奇妙な夢を見ました。元旦那が彼女の頬にチューしようとするのですよ。

「あーもう！　やめてよっ」

目を覚ました彼女は、びっくりしました。

**天井の隅に、グニャグニャの透明なアメーバのような物体がいて、彼女の頬に触手のようなものを伸ばしていたのですよ。**


「ギャアアアアアア！」

悲鳴を聞いて驚いた娘さんが、部屋に入ってきました。

「な、な、なに、これ！」

その場はパニックとなり、私が呼ばれたわけです。

現場に駆け付け、彼らから状況を聞いて、私はこう言いました。

「これはもしかすると……『タルパ』というものかもですね……」

チベット密教によると、**人間の強い感情や思念のエネルギーは、独立した生物のように振る舞うことができる**といいます。

ちなみに、チベット密教は、宗教とはちょいと違うかもしれません。2000年もの間「人間の心がどんなふうに働くか」を観察し続けた観察記録なのです。つまり、古代の心理学ですな。

その記録にある『タルパ』の特徴に、この謎の存在は類似しているのです。『タルパ』は、日本でいう生霊みたいなものなのですよ。

陰陽師や魔女といった特殊技能を持つ人々は、この『タルパ』を自分の分身として、思い通りに使役するといいますな。仏典によれば、ブッダも『タルパ』で多くの分身を創り出し、衆生を救ったそうです。

多くの場合、発生した『タルパ』は放置されて、そのうち自然に消滅します。

しかし、**ときには人間に取り入り、エネルギーを吸い取って生き続ける『疑似生命体』みたいになってしまうものもいる**というのですよ。そして、この『擬似生命体』は、人間の心にあるさまざまなイメージに化けます。マリアとかキリストとか、仏とか宇宙人とか……。

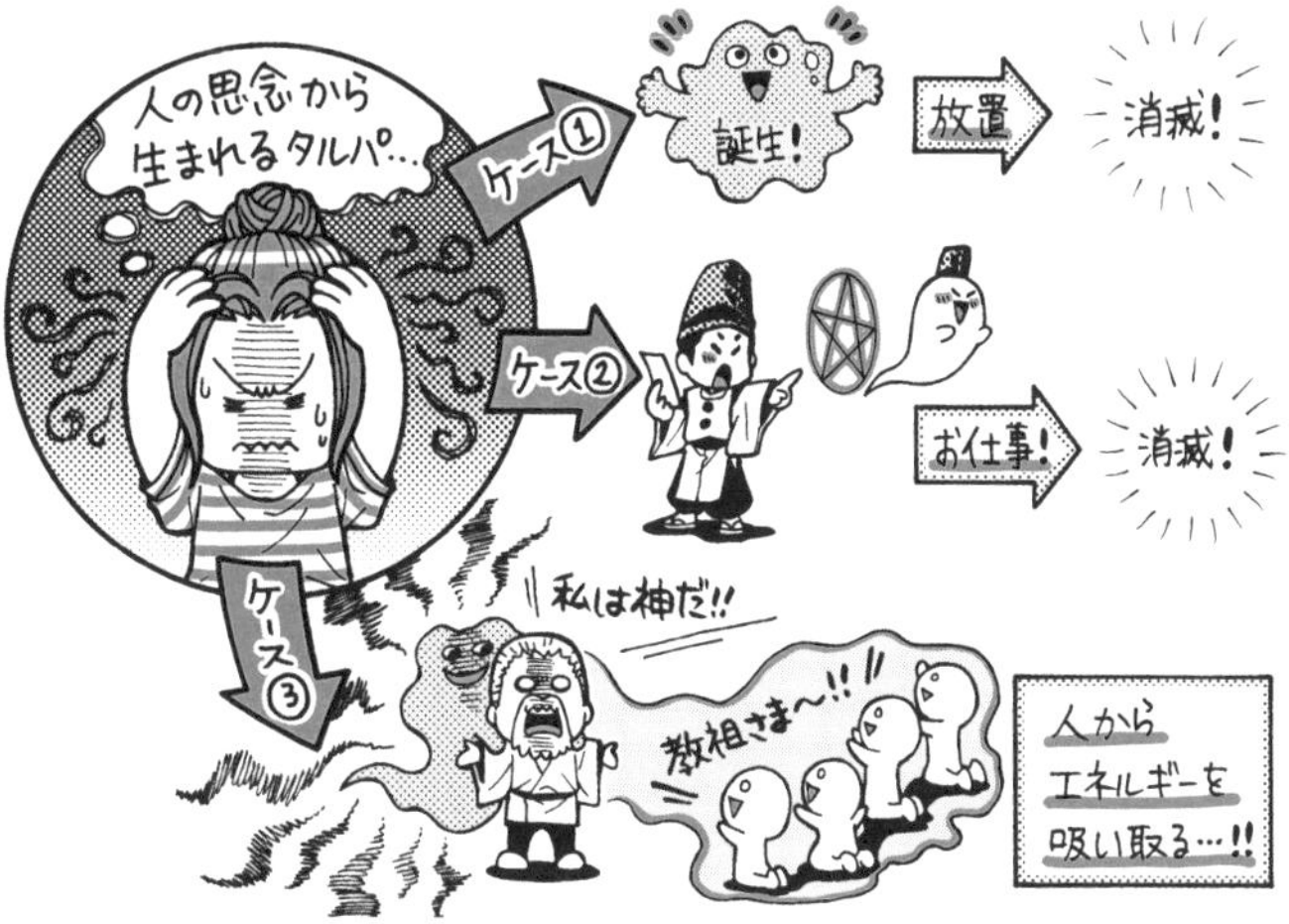


そのためか、『擬似生命体』に憑かれた人間の中には、『教祖』になるものもいるようでね。自分の信者を集め、彼らからたくさんのエネルギーを吸い取り続けるのですよ。

つまり、『タルパ』に操られてしまうのです。

ただ、『タルパ』に憑かれた人の見分け方は、結構簡単なのですよ。『教祖』たちはよく使う常套句があります。

「〜でなければならない」

「〜すべきである」

そして、『教祖』になると、ほとんどが常識から外れたお金を要求しますね。やはり、彼らは非常識な存在だからねぇ。

さて、先ほどの女性たちの話の続きですが、私はお香を焚きながら、ティンシャという鐘を打ち鳴らし、怪しい存在に立ち向かいました。怪しい存在は、鈴や鐘などが発する高周波の金属音に弱いのです。

――――カーン！――――

「アインシュタインとユングの名において、即刻消えなさい！　日本国憲法と大槻教授の権威のもと、私はおまえの存在を認めません！」

この手の存在は、思想によって否定してやるのが一番なのです。**近代的合理主義の思想は、彼らにダメージを与える**のですよ。

「おまえたちは、有り得んのだ！」

――――カーン！――――

『ＡＬＩＥＮ（有り得ん）権限』が発動すると、瞬時に怪しい雰囲気は消え、世界は秩序を回復したのでした。

## 怪しい存在たちの弱点とは？

後日わがアニメイトのビー坊にこの出来事を話すと、彼はこう言いましたね。

「大槻教授の権威って、怪しい存在に対して、本当に通用するんですかね？」

「通用するのだよ！　大槻教授は、オカルトや超常現象の否定論者として有名だ。彼の世界観が、不安定な世界を安定させるのだよ」

「そ、そうですかい？」

「それにだね、**実は、多くの怪しい存在たちは『権威』に弱い**のだよ。なぜなら、怪しい存在は、この現実世界では、自分を成り立たせる力を少ししかもっていない。だから、神や仏などを騙《かた》って人に取り入ったりするのだ」

ときに、『権威』は役に立ちますな。不安定な状態を安定させてくれるのです。私自身は『権威』に全く魅力や価値を感じないのですが……。役に立つものは、なんでも活用するケルマさんです。

ちなみに、私の最終学歴は自動車学校です。

バチカンのエクソシスト（悪魔払い師）は、悪魔にとり憑かれた人に対して、さまざまなアプローチをし、悪魔の名前を聞き出すのですよ。悪魔は必死に抵抗しますが、そのうち逆らえなくなり……。そして、ついに名前を明かした途端、エクソシストは命令するのです。

「悪魔○○○○よ！　主イエス・キリストの名において命じる！　この神の子から出ていけ！」……こうすると、悪魔は出ていかざるを得なくなるのですよ。

戦時中、ある兵舎の庭で、戦死した兵士たちが行進する姿がたびたび目撃されるということがありました。

そこで、一人の将校が庭に立ち、亡霊の兵士たちに号令しました。

「ぜんた〜い！　とまれぇえっ！　諸君は、実に立派に戦った！　実にご苦労であった！　各自、故郷に帰るが良い！　かしらぁあ〜みぎいぃゃぁあっ！　前進！」

兵士たちはそのまま前進し、故郷に帰っていったのでした。

また、ある男性が精神的におかしくなり、異常な行動をするようになってしまいました。病院で治療を受けて薬を飲んでも、なかなか良くならないのです。

やがて、家の中で怪奇現象が発生し始め、恐れおののいた一家は、真剣に引っ越しを検討し始めたのでした。

そんなある日、この男性の祖父が田舎からやってきて、こう叫んだのです。


「なにを甘えとんじゃあああ！」


そして、柔道の有段者である祖父は、男性を柔道技で叩きのめしたのですよ。

スパルタの海、爆発ですな。

その直後、怪奇現象は消え、男性はすっかり回復してしまったのです。
※一般の方は、決して真似しないでください。
ちなみに、厳密に言うと、霊と幽霊は違うものなのですよ。
いわゆる**幽霊とは、放置されたタルパのように不安定な存在なのです。**宮崎駿監督のアニメ『千と千尋の神隠し』に登場するカオナシに通じるものがあるかもですな。
現代人の多くは、精神的に不安定なカオナシと同じなのかもしれません。

## あなたの世界を整える？　ALIENワーク

みなさんが思っているほど、この世界は安定したものではないのかもしれません。この世界には、いろいろな考えがあります。いろんな人がいろんなことを言いますね。だから、**あなたが体験している世界を安定させるためには、あなただけの『信念』や『信条』が必要**です。それらを記した書物が『バイブル』となります。『信念』を表明するための言葉、『座右の銘』などがあればなお良いです。

昔、ガッツ石松さんが「座右の銘は？」と聞かれて「左目は1・5で、右目は1・2」と答えておられましたが、実に素晴らしい俺ジナリティ（オリジナリティ）だといえます。

みなさんもALIENワークで、ガッツさんに負けない『座右の銘』を探しましょう。ちなみに、私の『座右の銘』と『バイブル』は次のようなものです。

「ぼくたちは、何かの手により、未来《みらい》にまかれた種《たね》なのだっ!!」（楳図かずお著『漂流教室』小学館）

「これでいいのだ」（赤塚不二夫著『天才バカボン』竹書房）

「光が、光がいっぱい！」（『ウルトラマンティガ』毎日放送・円谷プロダクション）

「おらといっしょにぱらいそさいくだ!!」（諸星大二郎著『諸星大二郎自選短編集 汝、神になれ 鬼になれ』集英社）

# 即効!? マイナスのエネルギーに対抗する方法

## 「学校の怪談」の意外な真実

その事件は、とある小学校で起こりました。授業中に、突然子どもたちが騒ぎ出したのですよ。

「せ、せんせぃ！　字が、字が……！」

「どーした？……な、なにぃい？」

なんと……黒板の字が溶けだして、異様な

## 形に変化していったのです。

さらに間もなく、玄関口で異形の姿をしたなにかを見たという生徒が相次ぎ、職員室はパニックとなってしまいました。

「……とゆー事件が、あったのです」

『ドラゴンボール』に登場するクリリンそっくりの校長が言いましたね。

私は疑問に思い、聞いてみたのですよ。

「霊的な問題ならば、専門家（霊能者）とかに頼んだ方が、良かったんじゃないですかね？　私は霊能力など全然ない、ただの超常オタクですよ」

「実は、これという霊能者に心当たりがなかったのですよ。公にもできないし。ケルマデックさんなら、内密になんとかしてくれるのではと……」

「なんとかですか……」

「はい……。実は、私は霊的なものを感じやすい体質なのですよ……グフッ。い、今も、なにか霊的な脅威を感じるのです……ゴフッ！　生徒たちに、なにかあったら心配で心配で……グハァアッ！」

生徒よりも、あんたの方が心配ですな。

「ま、まずは生徒たちを、安心させねばっ！　グフォオッ……」

だ、大丈夫なのかクリリン……。ぜ〜ったい、霊的脅威を感じているの、クリリンだけだよ……。きっと生徒たち、な〜んも感じてないに違いないよ……。

「わかりました……。なんとかしてみましょう」

かくして、深夜のゴーストバスターを決行することになったのです。


実は、大抵の小学校は、共同墓地を移転させた跡地に建てられています。戦後の土地整備によるものなのです。つまり、**もともと『陰のエネルギー』が強い**のですな。

しかし、子どもはめちゃくちゃ強い『陽のエネルギー』を持っています。したがって、陰の強い土地の方がエネルギーのバランスが取れて、子どもたちは落ち着くのですよ。

だから、子どもたちがいなくなった夜の学校は『陰のエネルギー』が充満します。

まさに、魑魅魍魎《ちみもうりょう》の世界です。つまり、『学校の怪談』ですよ……。

## とにかく笑えっ！

セコムを解除して侵入した夜の学校は、陰気に溢れていましたね。

「ど、どうするんですか？　ケルマデックさん？　グフッ……なにか霊的な脅威を感じますよ……グ、グハァァッ！」

「しっかりするんだクリリン！　まずは『笑う』のです！**『笑い』は強烈な陽のエネルギーなのですよ。陰のエネルギーに対抗できるの**です」

「そ、そうですか。わかりました……。クックックッ、フハハハハ！」

緊張のあまり、邪悪な高笑いになっているクリリンです。あんたは『デスノート』の夜神月ですか。クリリンの邪悪な高笑いが響き渡る深夜の学校……。

「フハハハハ！」

「ワアーッハッハッハ！」

……ああ、『となりのトトロ』で、こんなシーンあったよね。メルヘンですなあ……古き良き時代が今、ここに……などとファンシーな気分に浸っている場合じゃありません。

クリリンは、真っ青になっています。

「グ、グフッ、グハッ。わ、私は気分が悪くなってきました」

よ、よくもクリリンを……！

「ところで、最近、この辺りで大きな地震はありましたか？」

「は、はい、結構大きな地震がありました。グハッ……！　震源地はこの近くでしたが……」

「その地震の後、怪しげな現象が起こりはじめた？」

「はい。すぐ、その後でした……」

## わかれば怖くない？「陰」の正体

もしかしたら、地震によって磁場に変化が起き、学校内の陰のエネルギーが活性化した可能性もありますな。実は、よくある現象なのですよ。

東日本大震災の直後、多くの人が不思議な現象を体験したと語っています。死者と再会したというものもあれば、震災で破壊された瓦礫の中に、昭和の町並みが現れたところを目撃したというものもあったのです。

地震は時空を揺るがすエネルギーなのかもしれませんな。例えば、マンガ家の楳図かずお先生の名作『漂流教室』では、地震の影響で学校と生徒が未来に飛ばされてしまいます。

名作というのは、なんらかの真実を含んでいると、私は考えているのですよ。

ただ、今回のように陰のエネルギーが実体化するには、人間のエネルギーがなくてはなりません。

なぜならね、幽霊は単独では存在しえないのですよ。幽霊を目撃し認識する人間、つまり『触媒』が必要なのです。**いわゆる幽霊とは、時空に残されたデータみたいな**

**もので、さまざまな感情や印象の『陰の記憶のデータ』と捉えることができる**のかもしれませんな。つまり、ＤＶＤみたいなものですよ。ＤＶＤは見る人間があってこそ再生できるわけです。

今回のケースの場合、『触媒』となっている人物とは……この現象を認識し、脅えているクリリンなのかもしれません。

**幽霊や悪霊といったものは、こちら側がその存在を認識し、現実世界に影響を与えると判断したときに、実体化するもの**なのですよ。

世界が認識によって創られるのなら、幽霊や悪魔は人間の心が生み出しているのかもしれません。

## 陰のエネルギーに効くあれこれ

私は、強力な陽のエネルギーを発する鐘を打ち鳴らしました。

――カーン！――

これはクリリンのぶん！

――――カーン！――――

これはヤムチャの……すみません、ヤムチャいませんでした。

私は説得に移りましたね。

「この世ならざる現象たちよ！　ここは子どもたちの学舎で、ニュートン力学が支配する物理世界です！　エントロピーの法則に従い、虚数の世界へと帰りなさい！　アインシュタインとファインマンの名において！　ライアル・ワトソンとコリン・ウィルソンの知性において！　大槻教授の権威において！　私、ケルマデックが命じる！あの世へと帰りなさい！」

気合いと共に「パンパン！」と強い調子で柏手を打つと、どうやらクリリンの体調も収まりました。

**陰気に対抗する力、『強気』ですな。そして、もう一つは『気合い』です。**

アニマル浜口先生もおっしゃっているように、『気合い』は陰と陽を調和させるダイナミックな生命エネルギーなのです。

さて、陰気を中和したうえで、強力な魔を払う効力があるとされる『辰砂《しんしゃ》』を地震の震源地方向に納めました。

『辰砂』は、赤い鳥居などに塗られる絵の具の素ですよ。古来、魔を払う効力があるとして、神事などに用いられてきました。日本画などにも使われていますね。

こういった**文化的背景のある素材は、驚くほど実効性がある**のです。

かくして、怪しい現象は収まったのでした。

# 時空を変えちゃう!? 万能スキル

## 一番当たる「スゴい占い」って？

日本で一番有名な超常ミステリーマガジン『ムー』。三上編集長はYouTubeで、「占いの中で一番的中率が高いのは『易経《えききょう》』だよ」とおっしゃっていました。『易経』とは古代中国の書物をもとにした占いなのですよ。

生物学者のライアル・ワトソンも、著書『スーパーネイチュア』（蒼樹書房）の中で、易経の不気味なまでの的中率は無意識と関係があるのだろうと述べています。

心理学者のユングも、よく『易経』を使って占いをしていました。ユングは『易経』で、自分の患者のことを占ったのですがね。その占い結果は、後に細部に至るまで正しかったというのです。

私も、セッションの中でよく『易経』を使います。『易経』は偶然性を利用した占いですが、解析方法は非常にデジタルなのです。クロスワードパズルを埋めていく作業に似ていますな。

### 易経のやり方

①3枚のコインを振ります（占いたいことがある本人が振ってください）。
②裏の枚数を記録します。
③裏の枚数からパターンを見つけ出し、ルールに従って意味を見出します。

『易経』は複雑な占いなので、全てを述べるには紙面が足りません。興味のある方は、市販の本を読んでみるのが良いでしょう。

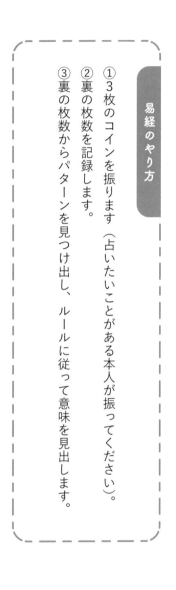

『易経』はある時空で起きる事柄を見事に表現してくれるだけではありません。**出た結果をもとにして時空を変えることが可能**だと、私は考えているのです。

## 誰でもできるようになる!? 易経トレーニング

易経のトレーニングの一つに、『射覆《せきふ》』というものがあります。これは、透視のテクニックでね。私はよく、このお遊びをするのです。

ある日、私は易経の実践会で、この透視の実験を行いました。

まず、私が生徒さんたちにメールで写真を送ります。それがどんな写真か、生徒さんたちがコインを振って当てるというものです。今までさんざん、この実験をしましたね。その結果、確かにこの方法で当てることが可能なのです。

今回、私はお神酒の写真を送りました。なんと、コインを投げた30人中、29人が当てたのですよ。

「クリップ」「コップ」とかよりも、「お神酒」「赤ちゃん」などの**意味深いターゲットは、やはり当たる確率が高い**のかもしれません。

しかし、です。一人だけ間違えた猛者《もさ》がいたのでした。……私の友人スーパータカオさんですよ。

「う～ん、これは……幽霊のお酒かな」

隣にいた、魔女由香さんが突っ込みましたね。

「タカオちゃん、それお神酒やないの？」

ぁあっ！　残念極まりないっ！　これはいかん！　スーパータカオさんに、リベンジのチャンスを与えねばっ！

「いやぁッ！　実に惜しかったネッ！　もう一度トライしてみようネッ！」

私はさわやかにドンマイ気分を演出しながら、彼の名誉回復のために、今度は「ボールペン」の写真を送ったのです。

これなら、なんとなく当たりやすいかな～という親心ですよ。

スーパータカオさんはコインを振った後、苦悩に満ちた表情で熟考しながら、少しずつ答えました。

「これは……手にくっつけて使用するものです……」

おお！

「細長い……形をしています」

おおお！

「なにか、文章を表現できるもの……と思います」

おおおお!!　そう！　そうだよ！　スーパータカオさん!!

「……先端から、光のエネルギーが出て……」

……えっ？

# 「答えは……レーザーポインターです！」

ああっ！　なんという残念な……。やってしまいました。このとき、彼は「残念なタカオさん」伝説を打ち立ててしまったのでした。

そんなわけで、彼は「残念なタカオさん」と呼ばれていた、せつない時期があったのですな。しかし最近では、易経の解読に磨きをかけ、「スゴいタカオさん」と呼ばれるようになりました。

## 占いで無限ループから抜け出そう

実は、一つのテーマについて何回占っても、不思議なことに同じような結果になってしまうのですよ。

しかし、なぜ3枚のコインを振るだけで、世界の情報を出せるのか？

私は、この**占いは『場』を表現している**のだと考えています。

『場』とは、なにか？　ルパート・シェルドレイクという科学者は、時空を超えた『形態形成場』があると主張しました。

例えば、よく「あたしは絶対、お母さんみたいな結婚生活はしたくない！」とか言いながら、結局同じことをしてしまう人がいます。あるいは「あのテナントって、入った店は必ず1年でやめちゃうよね」なんてことがあります。

つまり、**同じ場にハマってしまう**わけです。

他にも、有名な『双子のミステリー』という現象があります。

幼い頃、ある理由から里子に出されて別々に育った双子が数十年後に再会したとき、恐るべき事実が発覚するのです。

例えば、奥さんの名前や結婚した時期が同じ。それだけでなく、子どもの名前、仕事の内容、経歴、ペットの名前と種類など……あらゆることが一致しているといったように。つまり、同じ場を共有しているわけですよ。

確かに、自分の父親や母親と同じような運命を辿ってしまう人は、よくいますね。同じような職業に就いていたり、結婚生活をしていたり、病気にかかったり。

ただし、私はさまざまなケースを観察してきて、必ずしも、全く同じ結末になるわけではないということに気づきました。

**父親や母親に未解決の想いや問題があった場合、その子どもは自ら同じような状況を創り出した後に、乗り越えるケースが非常に多い**のですよ。

要するに、人は進化するのです。

私はこれを『修正反復』と名づけたのですな。

## 「修正反復」で、過去を乗り越えよう！

ある男性が起業したのですがね。なかなかうまくいかず、切羽詰まって、精神的にも追い詰められてしまいました。

こんなとき、**人の心は理屈なんかじゃあ動かない**のです。私は易経を使ってみました。彼にコインを振ってもらうと、《彼の父親の情報》が出てきたのです。

私は聞きましたね。

「お父さんは、自営業をしていましたか？」

「はい、起業したのですが、うまくいかなくて……父は、自殺しました」

「あなたが、おいくつのときでしたか？」

「僕が10歳のときです」

「……ところで、あなたに子どもさんはおられますか？」

男性の顔が青ざめましたね。

# 「はい……もうすぐ、10歳になります」

私はこう言いました。

「修正反復といってね。**過去に未解決の問題や感情がある場合、無意識のうちに同じような『ドラマ』を再現し、乗り越えようとする**のだよ。10歳のときのあなたに聞くのだけどね。どうしたいですか？」

「僕は……自殺なんかしません！」

「うん、それで良いのだよ」

「父と同じ道は辿らない」。その決意を思い出してすぐ、彼の仕事に劇的な変化が起こり、経済問題は徐々に解決していきました。

彼は修正反復を乗り越え、父親の無念を晴らしたのでした。

# 事件も解決⁉ 易経の「コイン占い」

## 不思議な再会

ある朝のこと。私は目が覚めてすぐ、こんなアイデアを思いついたのです。

「そうだ。今度の講座では、幼いときの自分の写真をみんなに持ってきてもらおう。幼かった自分に接触し、創造性に溢れたワンダーチャイルドのエネルギーを思い出してもらうのだ！」

すると、そのアイデアを思いついた直後、友人のニシムラ君がやってきました。ニシムラ君は、競馬の三連単を追及する競馬戦士なのです。

「ケルマさ〜ん、こんなのが出てきましたよ〜！　もう大爆笑ですよ〜」

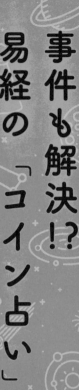

それは1枚の写真でしたね。小学校の入学式の写真で、ニシムラ少年が写っていました。……シンクロですな。

その後行った講座では、みんなでヒャーヒャーと笑いながらニシムラ少年の写真を見ていたのですがね。やがて、不穏な発言が湧き起こりました。

「あれ……なんか、膝小僧のところに顔が写ってない？」

みんなが「人の顔だ」と騒ぎ出しましたね。
「そ、そんなはずない！　ただの影だよっ！」
真実を検証するために、ニシムラ君に当時と同じ半ズボンをはいてもらい、撮影会を試みました。いや……そんなんでわかるはずないですな。

「よし、コインを振って占ってみよう」

するとくこれは亡くなったニシムラ君の姉である。ニシムラ君が小学校に入ったことを喜んでくれている》という結果が出たのでした。

神妙な顔をしているニシムラ君をよそに、みんな大はしゃぎですよ。


そこへ講座仲間のスターさんが遅れて入ってきました。

「ねぇねぇ、さっき、面白い話を聞いたのよぉ」

スターさんは、コンサートのために招いた、Uさんというミュージシャンをホテルへ送ってきたところなのでした。

「Uさんがね、この前中国に行ったとき、亡くなったお姉さんに会ったって言うのよ」

一瞬、みんながシーンとしましたね。

「Uさんのお姉さんは、中国のホーテンというところで亡くなったらしいの。でも、Uさんはホーテンがどこにあるかわからなくて、現地のガイドさんに聞いたのね。そしたら、ガイドさんは大笑いして『ここがホーテンだよ』って。すると、いきなりトンボがUさんの指に止まったの。しばらくしたら、トンボはまた飛んでいって……。

そのとき、ガイドさんがこう言ったのね。

『あのトンボ、あなたのお姉さんだよ。その証拠に、またあなたの指に止まるよ』。


そしたら、本当にまたトンボが指に止まったんだって」

講座の全員が思いましたね。

――亡くなった姉、確定！――

その夜、ニシムラ君からメールがあったのです。

「ケルマさん、母親に写真のことを話したら、スゴくびっくりしていました。そこで、僕らなりに姉の供養をしたいと。ただ、姉の写真が1枚もないので、姉の顔の絵を仏壇に飾りたいと思ったんです。そこでお願いなんですが、ケルマさんは絵描きさんでもあるので、良かったら、姉の成長した顔を描いていただくことはできませんか？

参考資料の画像を添付します」

メールには、あの膝小僧の画像が添付されていました……。なんだか、難易度がスゴく高いんですけど……。とりあえずトライしてみるケルマさんでした。

これが実に難航したのですよ。大抵の絵ならすぐ描けるのだけどね。なにしろモデルはアレだし、なんか不明瞭だし、膝小僧だし、しかも成長した顔って……。いろいろ無茶ですな。


しかし、ある日のお昼、絵はなんとか完成しました。その直後、

「こんにちは〜」

セッションのお客さんがやって来られたのですよ。そのお客さんの顔を見た私は、凍りついたのでした。

「ひぃいいいいっ！」

そして、なんという偶然でしょう。ニシムラ君もやって来たのです。

「ケルマさ〜ん、絵、描けましたかぁ？」

お客さんは、その日初めてお会いした女性でした。私は彼女に聞きました。

「私は今さっき、この絵を描きあげたばかりなのです。あなたは、この絵をどう思いますか？」

女性は一瞬、顔をこわばらせてから、こう言いましたね。

**「え？　なんで？　なんで、私の顔が描いてあるの……？」**

そして、携帯カメラを取り出し、夢中で絵を撮りはじめました。ニシムラ君も、愕然としていました。

さて、この『幻の姉事件』、いろいろと解釈可能ですね。

私が「子どものときの写真を持ってきてもらおう」と思ったあの朝から、全てが始まったのかもしれません。

ただ、一つ言えるのは、**目に見えない世界はこの世界と密接につながっている**ということでしょうな。

## 仏教世界からの誘い

実はニシムラ君は、仏教世界からのスカウトを再三受けているのですよ。

初めに仏教世界と遭遇したのは、彼が中学生のときでした。当時『アクション・カメラ術』という、裸のお姉さんが満載の「中学生には刺激の強い本」がありましてな。

ニシムラ少年は、その本を入手したかったのです。

しかし、レジに持っていくのは恥ずかしい……。

――なんとか、良い方法は？――

そのとき、ニシムラ少年は『アクション・カメラ術』の横にある『祖霊を祀れ』という本に気づいたのですよ。

――本の厚さも、大きさも同じ――

とっさに、ニシムラ少年は『アクション・カメラ術』のカバーを『祖霊を祀れ』に取り替えました。そして、レジに持っていき、まんまと本を購入したのでした。

ただその後、彼の人生には、やたらと仏教関係の出来事が次から次に起こるようになったのです。

「やっぱり『祖霊を祀れ』の祟りっスかねぇ……。

## 今、付き合っている彼女、寺の娘で……。

結婚するには、オレが跡を継ぐしかないんスよ。トホホ……」

私的には、ニシムラ君がすり替えた『アクション・カメラ術』を買ってしまった人が気になります。中身を見て『祖霊を祀れ』だと知ったとき、その人は深い脱力感と、時空を超えた宇宙意識を感じずにはいられなかったはずです。

**「奇妙な偶然」と言われる現象には、なんらかの未来の方向を示唆しているように見**

**えるものがありますね。**

それは『サイン』と呼ばれています。占いの結果もそのようなものかもしれませんな。

## 家族の「ドラマ」を癒す

祖先の墓参りや供養は、過去の場の想いや未練などを昇華する作業なのかもしれません。

ある女性が、激しい頭痛に悩みましてね。病院に行っても原因がわからない。「噛み合わせに問題があるのでは?」と言われ、歯医者に行っても原因はわからず。処方された薬を服用しても効かず、毎晩痛みに堪えていたそうです。

私は困り果てた彼女の依頼で、易経を出してみました。

すると《墓参りをしたら解決する》と出たのですよ。まるで、どっかの霊能者が語りそうな内容ですな。

とりあえず墓に行ってみたら、なんと、そこには彼女のお父さんの遺体があったのです。頭からビニール袋を被り、テープが首に巻き付けてありました。

実は、お父さんは何年も前から行方不明だったそうです。


**そして、遺体からビニール袋を取り外した後、彼女の頭痛は消えてしまいました。**


彼女は、無意識のうちにお父さんの情報をキャッチしていたのかもしれませんな。

つまり、ある種のテレパシー現象ですよ。そして、その現象は、お父さんの遺体を発見したことで収まりました。

供養をするために、わざわざ宗教団体に入ったり、たくさんお金を使ったりする必要はないと、私は思っているのですよ。

## 子どもができない意外な原因

友人の田邊君が、こう言ったのです。

「田邊家は、子どもができないんだよ。オレもアニキも弟も。その怪しい占いで解決できないかな？」

そこで、田邊君にコインを振ってもらい、その結果を私が易経で見てみました。

すると、《お墓の文字が欠けているのが原因だ》という情報が出たのですよ。なーんか、またまたどっかの霊能者が語るような内容です。

田邊君はお父さんと一緒に、お墓に行ってみました。

やがて、彼から電話がかかってきましてね。「田邊という文字の字画が1本足りない」と言うのです。

彼のお父さんが、興奮して咆哮しましたね。

「このままだと、田邊家の名前が欠けるという意味になってしまうぞ！」

そこで、私は「墓の文字に、油性のペンで1本線を加えてください」と伝えました。

そして、彼らはマッキーで、線を1本書き足したのです。

**なんと、それから半年の間に、田邊家は三人の赤ちゃんを授かりました。**

これ、実話なのですよ。いや、ほんとにマッキースゴいです。

**場というのは『認識』や『意味』を表現しているの**だと、私は思います。**墓や名前といった『モノ』は単なる物体や記号ではなく、意味を持つ形**なのだね。

つまり『フォーム（物語のある形）』です。

## 本当にあるの？　呪いの人形

ある男性が言いました。

「弟が精神的に不安定になってしまったのです。病院には通っていますが、なかなか良くならないんですよ。原因もさっぱりわからなくて……」

とりあえず、男性にコインを振ってもらい、私はその結果を易経で見てみました。するとスゴく変な答えが出たのですな。《家に変な人形があり、影響している》と。

するると、男性が言いましたね。

「ケルマさん！　あなたには申し訳ないと思ったのですが……。実は昨日、友人から電話で『知り合いに霊能力者がいるから、その人に電話しろ』と言われたんです。断ろうとしたんですが、友人が強く勧めるもんだから。結局、その霊能力者に電話をかけました。そしたら、同じことを言われたんですよ」

「同じことですか？」

「はい。『家の中に変な人形がいるね。テレビのところに置いてある。口が裂けた化け物みたいな人形がいるよ。それが原因だ』って」

「そんな人形、あるんですか？」

## 「はい。リアルなデビルマンのフィギュアが

## あるんですよ」

「デビルマン！　口が裂けているなら、アニメ版ではなく原作版のデビルマンですな！　やはり、名作はいろいろと宿ってしまうのですよ」

ある人形師が語っていたことがありますね。

人形師は、**人形が完成したら、必ず人形を殺してやる**のだそうです。「おまえは人形だ。人間に弄《もてあそ》ばれ、やがて捨てられるのだ」と言い聞かせるのだとか。

しかし最近は、そのような作業をしない人形師が多く、勝手になにかが宿ってしまう人形もあるというのですよ。

その人形を処分してしばらくすると、弟さんの状態は回復しました。

## 超カンタン！ 困ったモノの対処法

「ビー坊よ。**古来より日本人は『物には魂が宿る』と考えてきた**のだ。これを憑物神というのだよ」

「なるほど！ じゃあ、美少女フィギュアとかにも宿るんですかね？」

「うむ！ タテゴトアザラシの癒し系キャラ『しろたん』にも宿るのだよ。美少女フィギュアやしろたんなら、宿っても大丈夫だ！」

「ほのぼのしたり、萌えたりしますぜ！」

「デビルマンのフィギュア事件の場合は、フィギュアを作った造形師の『想い』のようなものが入り込んでしまったのかもだね」

「そういう人形には、どうしたら良いんですかね？」

「わりと、簡単なのだよ。**必要なのは、筆ペンだけ**だ」

「筆ペンですかい？」

「紙に筆ペンで『停止』と書いて、その上に人形を置いておく。1時間ほどしたら、安全な人形になるのだよ。そうしたら、そのまま持っていても、普通に棄てても良い」

「そ、それだけですかい？」

「うむ。ただし、停止という字は、**『想い』を込めて書く**のだよ」

「ガッテンだ！　書道六段の腕前を見せてやりますぜ！」

「その意気だ！」

# 一家に一台！易経の必須アイテム

## 不思議な力を持つ鏡

易経では、結構複雑な情報が出ますね。しかし、その正確さにはしょっちゅう驚かされるのです。

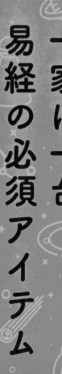

運命改善策として、易経で古来より活用されているアイテムの一つが『先天八卦《せんてんはっけ》鏡《きょう》』です。**『先天八卦鏡』は、陰陽のバランスを取る意味があります。**陰陽のバランスが崩れて不安定になっている場などを改善するのです。

例えば、怪しいものが現れる場所を調整します。あるいは「お金が出ていくばかりで入ってこない」という、バランスが悪い状態を整えるのにも良いでしょう。お金は循環だからねぇ。

昔『先天八卦鏡』は高かったので、講座で生徒さんたちと手作りしていましたね。３０００円ほどで仕入れた錫《すず》をフライパンで溶かし、耐熱性のシリコン型に流し込んで固めたら、後はせっせと磨いてできあがりです。今はネットなどで安く買えますがね。

ある日、易経の講座で、友人のアグリさんが言いました。

「僕は目が悪いんだが、易経で改善できないかな？」

アグリさんがコインを振ったら《暗いところで本を読んでいたために、18歳から目が悪くなりました》という情報が出たのですな。

「なんでわかったの！」

アグリさんがびっくりしましたね。

すると、けーこさんという女性が言いました。

「あたしも～！　目が悪いから、どーしたら目が良くなるか、見てほしい～」

そして、コインを振ったのです。すると《幼いとき住んでいた家に、霊的な存在があり、その影響で目が悪くなりました》という情報が出てしまいました。

し〜んとなる、講座の一同……。けーこさんが言いましたね。

「あ〜そ〜いえば思い出した〜！　昔ね〜お父さんが家を建ててね〜、引っ越しした途端、お母さんとあたしの目が見えなくなっちゃってぇ〜。お父さんがあたしたちを岡山の霊祓い師のところに連れていったのよぉ〜。お祓いしてもらったら、すぐ目が見えるようになったのぉ〜。だけどぉ〜、それ以来、目が悪くなっちゃってぇ〜」

——ガガーン！——

講座に参加していたみんなに激震が走りましたね。

「そ、その家はどうしたんですか？」

「それがね〜、お母さんとあたしはすぐに家を出たんだけど〜。お父さんは『オレが建てた家だ！』って言ってねぇ。もう20年は暮らしてるのね〜。一人で」

——こ、これは……大丈夫なのか？　お父さん？——

「は、八卦鏡置いた方が良いんじゃないかな？」

アグリさんが言いましたね。

こうして、けーこさんは『先天八卦鏡』を作ることにしたのです。けーこさんが金属を溶かして型に流し込んで固め、研磨はけーこさんのお父さんが行いました。彼は、車の板金屋さんだったのです。

「けーこ、こんなんで良いか？」

「ナイスよっ！　ナイスだわっ！　パピー！」

無事、『先天八卦鏡』はパピーの家に設置されました。

しかし、その後、驚愕の事実が発覚したのですよ。

『先天八卦鏡』を設置して間もなく、パピーが私に会いたいと言ってきたのです。

けーこさんと共に、彼は来たのですがね。彼のお顔を見たとき、私の腹筋は崩壊しかけました。

――か、顔が、顔がけーこさんと同じだっ！　う、うり二つだっ！　ぷぷく〜っ！

くっくっ、わ、笑うな！　笑うな私……！――

腹筋崩壊の危機を力技で押さえ付け、パピーの話を聞いたケルマさんでした。

「実は『先天八卦鏡』を研磨したとき、わしは完成した八卦鏡をケータイで写真に撮ったのです。そして後日、行きつけの店で、その写真をスナックのママに見せたんですわ」

するると、スナックのママがこう言ったそうですよ。

「なにこれっ！　鏡に化け物みたいな犬と、赤い袴《はかま》をはいた巫女さんみたいなものが写っているわ……」

なんで『犬夜叉』みたいな映像なのかはわかりませんが、どうやら、このママさんは「視える人」だったのです。

しかし、けーこさんのパピーには、思い当たるところがあったのですよ。

「実は……わしがあの家を20年も離れなかったのは、毎晩女が訪れてきたからなのです。その女は、しょっちゅう、わしの布団に入ってくるのですよ。それこそ、生きた人間の女よりも心地良い感触なのです」

「えぇ〜っ！　ホントなのパピー？」

「その女が訪れてくるとな、大きな犬みたいな生き物が、家中をグルグル走り回るんだ……。わしは……最近まで、全く怖いとは思わなんだ……。その女にだんだん情が湧いてきて、あの家から離れたくなくなったんだよ」

――パ、パピ〜、20年間、なにやってたんだよ――

「しかし、『先天八卦鏡』を置いてから、だんだんと……これは異常なことではないかと、怖くなってね……」

――異常です――

「スナックのママに言われて、やはり、異常だと気づいたんだ」

――おい！　もっと早く気づけよ！――

やがて、パピーは家を手放しました。あの『先天八卦鏡』を家の土台に埋めて……。

全てが解決した後、私は深い感慨に耽りましたね。世の中にはときどき、お父さんとうり二つの娘がいるのだな、と。

## 実は作れる!?　先天八卦鏡ワーク

先天八卦鏡に刻まれている図形は、『宇宙』が誕生した最初の状態が表現されています。図形の真ん中は、『宇宙』が陰陽に分かれた状態、周囲は陰陽が展開していく様が表現されています。**この図形が無意識レベルで反応し、場を整えてくれる**のですよ。

意識は形になります。そして、形は意識に影響するのですね。つまり、**場とは、私たちの意識が作り出すもの**なのです。

## 先天八卦鏡の作り方

①厚紙を用意してください。
②表側には上の図をコピーしたもの、裏側にはアルミホイルを張り付けましょう。これで完成です。
③出来上がった八卦鏡は、部屋の適当なところに飾ってください。

異次元ポイント

**なにごとも、バランスが大切なのですよ**

# 第2章

# 見えない世界を覗いたら？

世界はわれわれが思っている以上に、不安定なものなのです。
だから、ふとした瞬間に、別の世界の存在たちと接触することがありますがね。

「え〜私、ＵＦＯとか見たことなあい」

「幽霊なんて、気のせいなんじゃ……？」

「私も異次元体験してみたいっ！」

目に見えない世界とつながるとき、
人は想像以上の、さまざまな体験をするのですよ。
さて、その一部を紹介するとしましょうか。

# まさか……!? 異次元とつながる日用品

## あの世からの連絡

知り合いの女性が話してくれたのですがね。

その女性が所有している家に、ある高齢の男性が借り住んでいました。しかし、その夏、男性は孤独死しているのが発見されたのですよ……。

まあ、大変でしたね。警察の現場検証や遺族の方への連絡、遺産の整理やら。その男性は離婚していて身寄りがなく、東京に20年以上音信不通の娘さんがおられるだけだったそうです。駆けつけた娘さんは、大家の女性にこう語りました。

「数日前、主人のケータイに、見知らぬ人からの着信があったのです。

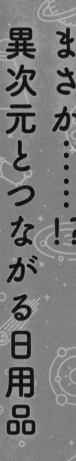

## それは亡くなった父の電話番号でした。

でも、電話があったとき、父はすでに死んでいたはずです。それに、父が主人のケータイ番号を知っているわけがありません。そもそも、なぜ主人にかかってきたのか？　わかりません……不思議です」

これはなんなのか？　実は、結構発生しているケースなのですよ。

私の友人の青いターミネーターも同様の体験をしています。彼は『ひすいラボ』という講座をやっていて、そこには、リボンちゃんという女性が参加していました。しかし、彼女はある日病気で亡くなったのです。

それから数カ月経って、青いターミネーターは、リボンちゃんからメールを受け取ったそうです。それは『マイソウル』という、自分の夢を書き綴ったものでした。

体外離脱の研究で有名な『モンロー研究所』を創立したロバート・モンロー氏は、自分の死後、研究所のパソコンに、向こうの世界からメールを送ってきたというのですよ。しかも、画像や音声ファイルを添付して……。

亡くなった彼氏からメールをもらったり、亡くなった友人から着信があったり。こういった体験をした人は、たくさんいるのです。

**電子の世界は、向こうの世界とつながっているのかもしれませんよ。**

そして、なんと、向こうの世界でもＩＴ革命が起こっているのです！　時代の流れですな。いつか手塚治虫先生に『いいね！』をつけてもらえるかもしれません。

ビー坊が言いましたね。

「でもさ、ケルマさん。そのお年寄りだけどさ。なんで直接娘さんに連絡しないで、全然面識のない旦那さんのケータイにかけてくるんですかい？」

「実はだね、ビー坊よ。われわれと霊とのコミュニケーションには、ある種の障壁があるのだよ。例えば、ある女性がご主人を亡くしてね。『夢の中で良いから会いたい！』と熱望していたのだが、全然出てこないというのだよ。その代わり、なぜか彼女の友人の女性の夢にしょっちゅう出てくるそうだ」

「ええ～っ！　なぜ？」

「おかげで、この奥さんは、旦那と友人の女性がイイ仲なんじゃないかと疑い出してね。大変だったのさ」

「おかしいじゃないですかい？　ほんとに会いたい人と会えないなんて」

「あまりに悲しみが深い場合、『会えなくなってしまった』という思い込みや悲しみが障壁となり、コミュニケーションができなくなるようなのだよ。だから、バイパスとして、第三者を経由するケースが多い」

「なるほど、生きている人間同士でも、第三者を通さないと、コミュニケーションがうまくいかない場合がありますからね」

「うむ、魂のレベルでコミュニケーションに解離があるときは、第三者による『離魂調停』が必要なのだよ」

「うわ〜、オイラみたいな子どもにはちょっと、難しい話ですぜ」

## なに気なく耳を澄ませてみると……

**霊的な存在がオーディオやカメラ、電子機器に干渉**するという現象は、結構昔から知られているのですよ。

ある男性が、山の中で鳥の鳴き声を録音していました。帰宅後、それらの音を聴いているとき、奇妙なことに気づいたのです。

――小さいけれど、人間の声が入っている……?――

音量を上げてみると、

**なんと、それは彼の亡くなった母親の声だったのですな。**

また、心理学者のコンスタンチン・ラウディヴはある実験を行いました。彼は防音室で、あらゆる電波を遮断するファラデーケージの中に録音機をセットして作動させたのです。その後確認すると、録音機にはさまざまな音声が入っていたのですよ（ライアル・ワトソン著『スーパーネイチュア』蒼樹書房)。
これを『ラウディブ・ボイス』といいますね。

私も高校生のとき、よくこの実験を行いました。確かに、さまざまな音声が録音されたのです。男性や女性の声、歌、読経の声とか。とても小さな音声ですがね。いわゆる、レコードやCDに入ってしまった謎の音声というのも、同じ現象かもですな。

専門家の分析によると、これらの音声は空気の振動がないそうですよ。つまり、物理的な人間の声ではないのです。

## 別時空を写す「あれ」

ある日、私は神社で巫女さんをやっていた女性と話していました。
彼女が撮る写真には、必ず変なものが写るのです。そのとき、１枚の写真を見て、私は驚きましたね。

――これ……画像加工だよね？――

フォトショで加工したような、謎の仏像みたいなものが、あまりにもハッキリと写っているのですよ。

しかし、今の時代、なんでもコンピューターで作成できます。だから「心霊写真です！」と言われても、全て疑わしい。超常業界では、怖い心霊写真は長く花形だったのですが……。心霊写真が魅力的な時代はもう終わったのかもしれません。

私は仏像みたいなものが写った写真を、他の写真と重ねて置きました。そして、ふと、もう一度確認しようと見てみたのです。ところが……

「あれっ！」

その写真から、フォトショっぽい仏像が消えていたのですよ。慌てて探したら、

**なんと仏像は、その下にあった別の写真に移動していました。**

それを見た巫女さんが、こう言いましたね。

「あらっ、移動しちゃったわっ」

すみません……これ、絶っ対、フォトショじゃありません……。すでに、この世界を超えちゃっていますから。

ラウディブ・ボイスや心霊写真は、録音機やカメラを扱う人物が発生源となって起こるのですよ。彼らは別の時空とつながり、高次元の存在の影ともいうべき事象を、電子機器や印画紙に残します。

　私の友人の超常写真家、天《あま》野《の》有《ゆう》祐《すけ》氏は「龍を撮る」カメラマンなのですよ。彼が雲の写真を撮るとき、龍は別の次元より、形となって現れます。

# すぐそこにある!?目に見えないものに会える場所

## 怪しい光の正体とは？

みなさん、『オーブ』はご存知かな？

写真に写る、丸い光の球みたいなものですよ。オーブは「霊」「空気中の埃が反射した光」「デジタルカメラ特有の現象」など、諸説あります。

最近は、以前より、誰もが普通に『オーブ』を認識するようになりましたね。

確かに、小麦粉を空気中にバラまいて写真を撮ると、オーブ状の光がたくさん写りますけどね。まあ、似てはいるけど、ちょっと違いますね。

ある女性が1枚の写真を持って来られました。結婚式の集合写真なんですがね。

「ケルマデックさん、この写真ね、『オーブ』が写っているんですよぉ」

「なるほど、この白い光の玉みたいなやつね。ふんふん、『オーブ』も最近は珍しくなくなってきたねぇ～」

「ケルマデックさん、この『オーブ』はちょっと珍しいですよぉ！『オーブ』の中に顔が写っていますから」

見ると、参列者の男性のちょうど股間のところに、巨大なオーブが光り輝いて写っています。

「ふむふむ……あ、なるほど、確かに顔だなあ……」

「家族みんなが、『この前亡くなったお父さんの顔だ』って騒いだんですよぉ」

全員の視線が、男性の股間にくぎづけです。女性が言いましたね。

「確かに、これ、お父さんの顔なんですよぉ」

「ところでさ……。この『オーブ』なんでこの男性の股間に写っているわけ？　なんか意味あるの？」

「お父さん、なんだか笑っているみたい……」

「ちょっと、話聞いてるっ？　この股間は、誰のなの？」

「私のお兄ちゃんですよぉ」

「お兄ちゃん、『オーブ』のこと気にしてないの？」

「どーかしらねぇ〜。そーいえば、お母さんがこの『オーブ』の部分だけ切り抜いて、引き伸ばして仏壇に飾ろうかって言ってるんだけどぉ」

「人の股間、なに仏壇に飾ってるの？　お兄ちゃんの立場になってあげてっ！」


昔、私がクリスタルボールの演奏会をしたときのこと。演奏風景をビデオに撮ったら『オーブ』が写っていたのですよ。

『オーブ』は会場にいる一人の女性の頭から出現し、フワフワと空中を舞いながら移動していましたね。まるで生き物のように。

演奏後に、その女性に感想を聞いたところ、彼女はこう言ったのですよ。


「演奏を聴いている間、魂が体から離れた感覚がしました」

えっ、じゃあ、あれは魂か？　魂なのかっ？

## 未知なるものとの交流会

真実を知りたい私は、ある日『オーブ交信実験』を行いました。

――ワンダバダ♪ワンダバダ♪ワンダバダワン♪ワンダバダ♪ワンダバダ♪ワンダバダワン♪（BGM　MATのテーマ）――

深夜1時。私とビー坊はデジタルカメラを持ち、不思議現象が多発するという滝に、車で出向いたのですよ。車内では『ワンダバダ♪』が鳴り響き、実験への情熱が高まっていきます。もう、誰にも私を止めることはできません！

途中から、山の中を徒歩で滝に向かいました。

「ケ、ケルマさん！　オイラ、怖いっすよ……！」

「大丈夫だ！　なぜなら、われわれは真実の探求者だからだっ！」

やがて、滝に到着し、われわれは周囲に大声で呼びかけました。

「霊のみなさん！　突然の失礼をお許しください！　私はケルマデックという者です！　私は真実が知りたいのです！　もし、みなさんが霊だというのならば、私の合図で写真に写ってほしいのです！　不躾な頼みで申し訳ありませんが、ぜひご協力をお願いします！」

こちらの意向を伝え、ミッションスタート！

「はーい、こちらでーす！　では、写ってくださーい！　お願いします」

——パシャッ！——

「はーい、今度は写らないでくださいねー」

——パシャッ！——

「はーい、今度は写ってくださーい」

——パシャッ！——

……というのを繰り返したのですよ。さてと、結果は？

「写ってくださーい」のときは、群がるように『オーブ』が写っていました。

そして、「写らないでくださーい」のときは……、

『オーブ』は写っていなかったのですよ……。

「オーブ……」

――ラン♪ランララ♪ランランラン♪ラン♪ランララ♪ラン♪――

オーム……って、ファンシーな気分を味わっている場合ぢゃないよね。

「ご、ご協力……あ、あ、ありがとうございましたああああっ！」

「ありがとうございましたああああっ！」

『ワンダバダ実験』、大成功です！　私とビー坊は祝杯をあげたのでした。

## 霊にもエネルギーが要る？

ビー坊が言いましたね。

「ケルマさん、なんで、滝とかって霊が集まるんですかね？」

「それはだな、ビー坊よ。水のある場所には、霊的なものが活動するための『湿気』があるのだよ」

「湿気？」

「**霊的なものがこちらの世界で活動するためには、物質化しなければならない。そのためのエネルギーが必要なのだ**よ。彼らは『湿気』や『熱』などのエネルギーを吸収して、物理現象に変換する。だから、霊的な現象が起きると、部屋が寒くなるということが起こるのだね。以前に行った実験では部屋の温度が3度下がったな」

「霊って、物理現象なんですかい？」

「うむ。霊的活動には『湿気』が必要なのだ。だから、日本では『湿気』の多い夏に、霊的な活動が盛んになる。一方、イギリスなどでは冬に『湿気』が多いのだよ。イギリスでは、クリスマスに怪談を聞きながら過ごすというのが、ポピュラーらしいぞ」

「そうか、『クリスマス・キャロル』とか、代表作がありますね」

「彼らはわれわれとは違う次元に住んでいるが、こちらの次元に干渉できる。つまり、われわれと同じ、この地球の住人なのだよ。だから、**地球の環境問題は、彼ら霊的な**

**存在たちにとっても深刻なのだ**」

「えっ！　そりゃどういうことですかい？」

「人間がいないと、霊も存在できないのだよ。この世界は、今大きな変革に直面している。例えば、最近やたらと写真にオーブが写るようになったと思わないかね？」

「確かに。デジタルカメラが多いからかな？」

「フィルムカメラでも、増えているのだよ。以前は、写真にオーブがこんなに写ることはなかったのだ」

「えっ！　一体、なぜなんですかい？」

「世界が大きく変化しようとしているせいだろう……。ビー坊よ！　この現実世界と目に見えない世界に対する認識は、今変わりつつあるのかもしれないぞ」

# 時空を超える!? 驚きのツール

## 亡くなった人に会う方法

飯田史彦著『生きがいの創造　スピリチュアルな科学研究から読み解く人生のしくみ』（PHP研究所）には「死者と対話する方法」が載っているのですよ。

まず、非常に狭い部屋に巨大な鏡と椅子を置いて10ワットの電球を点けただけという、非常にシンプルな実験装置を用意します。被験者は「死んだあの人に会いたい」という強い意識を持ち、装置の中に入って待つわけですよ。

この実験を行った心理学者によると、被験者の8割が「亡くなった人と再会した」と主張したのです。

うーむ……これは感覚遮断によって脳が創りだす幻覚なのか？　それとも、本当に死者に会っているのか？　超常戦士として、ぜひ検証せねば！

とゆーわけで、20年ほど前に、私は実験を行いましたよ。被験者は、旦那さんを亡くした未亡人の看護師さん、お子さんを亡くしたお母さん、婚約者を亡くしたお嬢さんなどでしたね。……死者との再会は、果たして真実か!?

1回目の実験は、大失敗でしたね。

ちょうど真夏だったので、狭い室内はサウナ状態。被験者はみな、脱水症状になってしまいましてね。死者に再会する前に、こっちが向こうの世界に逝きそうです（てへ、ぺろっ！）。

その後、エアコンで調整し、再度トライしたのですよ。しかし、密閉した室内は、気温上昇による活動限界があります。果たして……？

すると、「死んだ旦那に会いたい」と言った看護師さんの前に、亡くなった旦那さんが現れたのですよ。

「よー、元気かあ」

# 旦那は、さわやかでした。

「こっちの世界に来て知ったんだが、オレが死ぬのは初めから決まっていたんだよ。お前は早く死ぬ男と結婚したんだよ。お前の母親と同じだな」

この看護師さんは、びっくりしたのですな。彼女のお父さんも、旦那さんと同じ年齢で同じ死に方をしていたからです。

「オレな、こちらで16歳の女の子と出会ってな。これから一緒にアマゾン川の上流に冒険に行くんだよ」

旦那は……、どこまでもさわやかでした。

この看護師さんは、混乱して帰られましたね。しかも、家に帰ると娘さんが、こう言ったのだそうです。

「お母さん、今日うたた寝していたら、夢の中にお父さんが出てきてね。『これから友だちと一緒に、アマゾン川に冒険に行くよ』って言ったの。どういう意味かな？」

この看護師さんは驚き、ひたすら困惑したのです。

「主人がなにを言いたいのか、わかりません」

「なるほど……。ちなみに、あなたは、今お付き合いしている男性はいますか？」

「はい、２年前から付き合っている彼がいます」

「えっと……ご主人が亡くなられたのは？」

「はい、３年前です」

……早っ……。

「今の彼は、私を支えてくれたのです」

「つまり……あれですな。ご主人は『オレも楽しんでいるから、おまえも楽しめ』と、そう言いたかったんですかね」

## 死んじゃったけど、幸せ？

なにやら、深い脱力感を覚えながらも、私は次なる実験を行いましたね。

次の被験者は、婚約者を亡くしたお嬢さんでした。彼女はスゴく思い詰めている様子でね。亡くなった彼のために、四国八十八ヶ所巡りのお遍路さんにも行った、筋金入りの遺族です。

これはかなり、期待できそうですな。

実験室でファーストコンタクトが行われ、やがて彼が現れたのですよ。

「やあ!」

彼は、さわやかでした。


「オレさ、こっちで彼女ができちゃってさ」

……お前もかい!


私はふと、柳田國男の『遠野物語』に、同じシチュエーションの話があるのを思い出しましたね。

福治という男が、津波で奥さんを亡くすのです。

彼は長い間、亡くなった奥さんのことが忘れられずに悩みます。そんなある夕方、奥さんの霊と遭遇するのです。そして、奥さんから「今は、幼馴染みの男性と一緒に、幸せに暮らしています」と伝えられるのですな。

「福治、ショ～ック！」という話で、実話だそうです。

ちなみに福治は、福山雅治の略ではありません。

## 死者からのメッセージ

次に実験に参加したのは、息子さんを亡くした女性でした。

彼女の息子さんは、生まれつき脳に障害がありました。そのため、体は全く動かなかったのです。夫は息子さんが生まれてすぐに、他の女性のところに行ってしまったので、彼女が一人で息子さんの世話をしてきました。

しかし、やがて心も体も疲れてきます。

そんなとき、彼女の目の前に、一人の男性が現れたのですよ。彼が支えになってくれたので、少しずつ、彼女は元気になりました。

そんなある日、息子さんは18歳で突然亡くなったのでした。

彼女はひどく落ち込んで、私にこう言ったのです。

「私は残酷な母親です。恋人とのノロケ話をしょっちゅうあの子にしていました。あの子は人生の喜びも青春も、なにも体験できなかったというのに……」

私は、こう言いましたね。

「では、息子さんと会ってみてください」

実験がスタートし、やがて、鏡の中に息子さんが現れました。

**なんと、息子さんは、健常者の姿で現れたというのですよ。**

彼女は息子さんの声を初めて聞いた気がしたそうです。息子さんがこう言いました。

「お母さん、ぼく、彼女ができたよ」

……なんか、良かったですな。

いずれの場合も、**「現実世界を生きて楽しんでほしい」という死者からのメッセージが込められている**ように感じますなあ。

これは脳が作り出すイマジネーションの世界なのか？　現実世界で生きる力を取り戻すためのドラマなのか？　それとも、本当に霊的な存在とつながっているのか？

他にもいろいろ実験してみたところ、どうやら、この死者と再会する装置を使うと、脳をインターフェースとして、多次元につながることがわかったのです。**会えるのは、死者だけではない**のですよ。

私はこの装置を改良して『ビューティフル・ドリーマー』と名づけました。ベッドに組み込みこまれた、低周波と高周波を発するスピーカーが、インフラサウンド（無意識領域に影響する音）を発生させるのですよ。この音が脳へ影響を与え、われわれは過去や未来へも行くことができるかもしれません。

つまり、多次元へ移動できる装置、『タイム・マシン』です。

## あの病で「世界革命」を起こす?

恐れ知らずの青年フミオ20歳が、この『タイム・マシン』の実験にトライしました。「ケルマさん『死んだじいちゃんに会いたい』って思っていたらね、会えたんですよ。じいちゃん、転生したみたいで。中学生の姿で出てきました。じいちゃんが『今、自分は中学2年生だ』って言うから、『じゃあ、そっちは西暦何年なんだよ?』って聞いたんです。

**そしたら、じいちゃん、**
**『2017年だ』って言ったんですよ。**

こりゃあ、どういうことなんですか?」

この実験は2010年に行ったのですがね。動揺せずに冷静にやりとりできるとは、さすが若い人は頭が柔軟ですな！　感心！　感心！　**そもそも、世界をあの世とこの世、過去と未来など、二つだけに分ける必要はありません。**多次元宇宙論において、世界は、時空はたくさん存在するのです。

「間違いない！　君のおじいさんは中2病だ！　**中2病は時空を超えるのだ！**」

「えぇっ！」

「中2病は、子どもと大人の中間点にいる状態なのだよ。彼らは社会の枠に組み込まれる前の、自由なイマジネーションを持っているのだ！　ならば、全ての次元に存在する中2戦士たちとつながれば、時空を超えた中2革命を起こすことができるかもしれない……。もう、世界に絶望する必要はないのだ！　神聖中2帝国を打ち立てるのだっ！」

インテリと言われる人たちが眉間にシワを寄せて「チッ！」と呟くのが聞こえてきそうですな。しかし、思考が止まってしまった人の考えなど、私はどうでも良いのだよ。私は新しい世界に向かいたいのだ！

次元を超えた中2革命を画策するケルマさんです。

# 世界をまたぐ!? 人間の欲求の力

## 霊だって、おなかが空く?

友人が、ある女性を気功の一種、レイキヒーリングしていたときのこと。友人は妙な声を聴いたそうです。そこで、友人はその女性に言いました。

「なんか、変なのよ。耳元で『おはぎ、おはぎ』って声がするのね」

レイキヒーリングを受けていた女性は、びっくりして言いました。


「実は、亡くなったおばあちゃんは、おはぎ

## が大好きでね」

女性はこう続けました。

「……いつも仏壇に供えているんだけど、最近忙しくて、全然お供えしてなかったのよ。ちょっと気にしていたんだけど、やっぱり、おばあちゃん、おはぎ食べたいんだ」

おばあちゃんの、おはぎに対する情熱が伝わるエピソードですな。


また、ある女性は実家に帰ったとき、亡くなったお父さんの夢を見ました。お父さんは穏やかな表情で、ただ一言「ＵＦＯ」と言ったのです。

精神的かつスピリチュアルな信条に基づく生活をしていた彼女は、目覚めてから、お父さんの言葉の意味を考えてみました。

「これは、お父さんからのメッセージに違いない！『ＵＦＯ』って、一体何の意味かしら？　いよいよ、地球はアセンションに突入して、新たなる宇宙意識に覚醒するのかも？　波動の高くなったお父さんは、霊的なアストラルボディーを手に入れ、宇宙の存在とコンタクトしているのかしら？　あるいは、ついに公式に現れてくるのかしら？　ＵＦＯが！」

彼女はお母さんにこの夢の話をしました。

すると、お母さんは無言で立ち上がり、戸棚からラッピングされた丸い円盤状の物体を取り出したのです。ラッピングを破り、お湯を注水し、待つこと3分。全ての作業行程を経て、その物体は美味しそうな香りを撒き散らしながら、仏壇に供えられたのです。

お母さんが言いました。

「お父ちゃん、ホントにこれが好きだったからねぇ」

## 即席！　スピリチュアル・フード

似たようなケースをもう一つ。

ある女性の夢に亡くなったお父さんが現れました。そして「男の子の絵のついたやつ」と言ったのですな。

彼女はお父さんの言葉の意味がわからず、お母さんに話しました。すると、お母さんは無言で立ち上がり、

**戸棚から出前一丁を取り出したのです。**


そして、出前一丁を仏壇に供えて、こう言ったのでした。

「お父さんね、出前一丁のことは、いつも『男の子の絵のついたやつ』って呼んでいたのよ！　好きだったからね」

こんなケースも、ありましたね。

ちょくちょく、私がセッションしているケレスさんがこう言ったのです。

「私、ある人から電話をもらったの。その人とは長いこと会っていないんだけど、いきなり電話してきてね」

「ふんふん」

「私に『あなたは最近やたらとものを食べないか？』と言うのよ」

「ほほう！」

「そしてね。『亡くなったあなたのご主人が、あなたを通じて食べたがっているものがあるのよ』なんて言うのね」

「いきなり、そんなこと言われてもね」

「でしょう？　そしてね『あなたのご主人は、出前一丁を食べたがっています』って！　なんで出前一丁なのかしらね」

「……なんと……」

これらのエピソードは、ある一つの真実を語っています。

つまり……「日清はスゴい！」ということです。

出前一丁、チキンラーメン、ＵＦＯなどの**日清製品は、世界だけでなく、心霊世界にも通用する『スピリチュアル・フード』なのですよ！**　おそらく、日清には戦後の日本における、食料復興に込められたドラマがあるからなのでしょう。

また、亡くなった人が好物を食べたがる一方、世の中には不食といって、食べなくても生きられる人々がいるのです。

その昔、広島の『わらべ』という蕎麦屋さんで、私は不食の本を書かれた男性と話したことがあります。その男性は言いましたね。

「人は食べなくても生きられる！」

確かに、その現象は存在します。でも、私にはちょっと楽しめないなあ。ならば、新しい観念を提案しましょう。

「人は死んでも食べられる！」

心霊ディナーショーとか、できるのではないか？　ダンスあり、歌ありの！

ビー坊が言いましたね。

「ケルマさん、それ、お盆じゃあないですかい？」

……あ……そだね……盆ダンスも、あるしな……。

## おかしなディナーショー

以前、三重県の鈴鹿で『心霊ディナーショー』を開催したのですよ。

友人の超常医学博士ミッチーと、ヤマトフリークのミライモドルさんの熱望がありましてね。鈴鹿の魔女たち、スーパータカオさん、治療家のタク丸翁が集まり、心霊メイトとのハートフルな交流会が行われました。

それぞれ、**故人が好きだった食べ物や飲み物を用意し、ワイワイと楽しむ**わけです。クリスタルボールの演奏やら、さまざまな音楽やらを取り混ぜながら、ディナーショーは進みましたね。

そして、撮影大会『心霊といっしょ！』がスタートしました！　なにか、心霊メイトからのメッセージや怪異が起こらないかと、期待しているわけです。

やがて、魔女の一人が叫びました。

「ああっ！」

――――なんだ？　どうしたのだ？――――

「この写真、おかしいよね？」

見ると、iPhone で撮影された写真に、異常な現象が起こっていたのですよ。

最近の iPhone には、撮影した写真を開くと、一瞬画像が動くというシャレた機能がついていますね。問題の写真には二人の人物が写っていて、一人は静止したままで、もう一人はカクカクと動き続けていたのです。

その不自然に動き続けている人物は、私でした。画面の中で、私が異常にカクカクする様子をみんなで確認していました。


すると、また誰かが叫びました。

「これ、子どもかな？　子どもの顔が写っているよ」

その写真を見たタク丸翁が、こう断言しましたね。

「違うな、こりゃ猫だ！」

よく見ると、猫の顔がタコ焼きの近くに写っていたのですよ。それを聞いたミッチーがにんまりと嬉しそうな顔をしましたね。

「うちの死んだ猫、タコ焼きが好きだったんですよ！」

タコ焼きを持ってきたのは、ミッチーだったのです。

やがて、宴もたけなわとなり、最後はタク丸翁のクリスタルボールと私のキーボード演奏で締めくくりました。そして、演奏が終わった瞬間、ミッチーの携帯が「シャララーン」と鳴り響いたのです。

「なんか、良いタイミングだよね〜」

みんなが和んでいると、ミッチーが戸惑いながら言いました。

「これ、サイレントモードです！ 音が鳴るはずないですよ！」

正真正銘の心霊現象ですな。

ちなみに、ミッチーは強力なインパクトのある風貌をされていましてね。よく、ガチャピンが描かれたTシャツを着ておられます。真冬でも、Tシャツ1枚だけです。本人もガチャピンそっくりです。

心霊よりも、ミッチーの方がはるかに異次元の存在かもしれません。

## ここがスゴイよ！　脳の力

高校で生物を教えている男性が、こんな話をしてくれたのです。

ある日、妹がバイクの事故で意識不明になったと連絡を受け、彼は急いで病院に行きました。病室に入ると、妹さんは起き上がってお母さんと話をしていたのです。彼は安心して、話しかけました。

「あぁ良かった！　起きとったか。意識がないって聞いたけ、びっくりしたで」

すると、妹さんが低い男の声で、こう言ったのです。

「あ！　お兄さんですか？　失礼しております。私、鳥山と申します」


「……は？」

お母さんが、言いましたね。

「こちらね。鳥山さんって言われるだが。富山県の方だって」

「は、はぁあああ？」

「私、最近亡くなりまして。今はワケあって、妹さんの体をお借りしています」

「……」

「良いから、良いから。鳥山さん、無理されんでください。慣れん体だけなあ」

「はっ、すみません」

お母さんの状況適応能力、半端ありません。

ドクターまでもが「鳥山さーん、どうですかぁ？」と対応しています。

鳥山さんから聞いた実家の電話番号に連絡したら、びっくりした鳥山さんの家族が飛行機でやってくることになったのです。その後、鳥山さんは家族と再会し、いろいろと話をされました。

そして、鳥山さんはこう言ったのでした。

「お母さんにお兄さん、そして妹さんには、大変お世話になりました！　厚くお礼を申し上げます」

そして、フッと離れたのです。妹さんが、言いましたね。

「今、向こうに行きなったよ」

この話、なにがスゴいってね。周囲の人たちの適応能力が半端ありません。

最近の脳科学の研究によると、脳は『ラジオ』みたいなものなのですよ。

脳の研究でノーベル賞を受賞したロジャー・スペリーは、意識は脳が作り出す現象の一つだろうと考えていたようです。

しかし、さまざまな研究を行った結果、晩年には「脳は『ラジオ』のようなものである」という結論に達したといいますね。

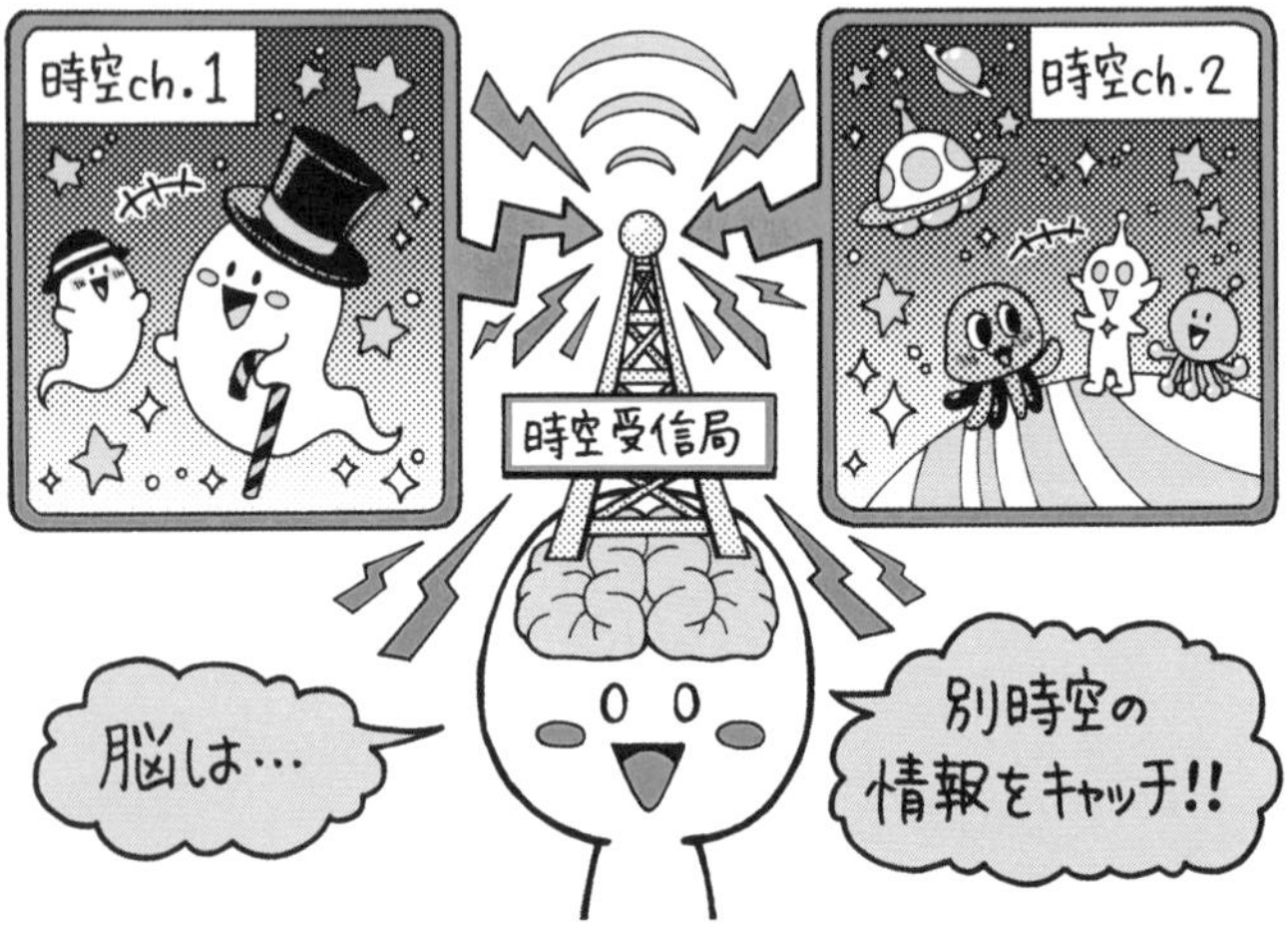

つまり、体の外にある放送局から発信される、さまざまな思考や感情を受信して一つにまとめあげる『ラジオ』、それが脳なのです。この『ラジオ』は、時空を超えてつながることができるインターフェースの役割を果しています。

## みんなそろって「いただきます」

現実に霊現象を体験したと主張する人たちは「体験しているときは、霊現象だと気づかなかった」と言うケースが多いのですよ。

ある女性が、子どもさんを亡くしまし

てね。「つらい」と言って、閉じ籠ってしまったのです。数年間、そんな状態が続きました。

私は彼女と話をしましてね。こう言ったのです。

「あなたがなぜつらいのか、わかりました。あなたは心の中で、あの子が病気で苦しんでいる場面を、ずっと繰り返しているのですよ。でもね、あの子はもう苦しくないのです。楽になったんですよ」

それから、この女性は仏壇に手を合わせるとき、

「もう、すっかり良くなったよ。楽になったよ」

と、子どもに話しかけるようにしました。

ある日曜日の朝、家族みんなでパンと紅茶の朝食を食べていると、亡くなった子どもが現れたのです。そして、みんなで朝食を食べ、テレビを観て過ごしました。

不思議なことにね。

## その子が現れても、誰も変だと感じなかったのですよ。

子どもが消えてしばらく経ってから、ようやく気づいたそうです。

しかし、あの子が使ったお皿とカップは、残っていたのですね。

**陰膳のワーク**

故人とコミュニケーションするための、シンプルなワークです。

故人が好きだった食べ物や飲み物、嗜好品などを、生前よくいた場所に置いて、楽しんでもらってください。

その方が好きだったＤＶＤや音楽などもあれば、ベターです。

異次元ポイント

目に見えない存在とつながるのは、難しいことではないのですよ

# 第3章

# 異次元へ足を踏み入れたら？

身近な場所やものを通して、不思議な体験をすることもありますがね。
この世界には、別の時空へとつながりやすい特別な場所があるのですよ。
「異次元ゲート」というものだね。
そこでは、さまざまな超常体験が、確認されているのです！
一体、何が起こるのか？
異次元ゲートの「奇妙な体験」をお話ししましょう。

# 一体何が起こる？「異次元ゲート」

## 神社に突然現れたのは……

※注　『新耳袋』風に読んでください。

……つい先日、講座に来られた女性が語ってくれた話。

その女性は最近、出雲のS神社に参ったのだそうだ。そこでは修復作業が行われており、三人の宮大工さんが境内で熱心に仕事をしていた。

ふと目を上げると、なんと、巨大な人が立っていた。身の丈、3〜4メートルはあるかと思われる、異形の人がそこにいたのである。

彼女は思わず、宮大工の一人に話しかけた。

「あれはなんですか？」

「ああ、神様だよ」

「神様……」

「わしらの仕事を見守っておられるんでしょうな」

彼女は、妙に納得したそうである。

その後、宮大工さんと、一つ二つなにか他愛ない話をして、

「それでは失礼します」

そう言って、別れたそうである。

後日、なにかおかしいと感じた彼女は、再び神社を訪れた。

あの巨大な異形の人はいなかった。宮司さんに宮大工さんのことを尋ねたら、

## 今年はまだ宮大工は来ていないとのことだ

# った。

ビー坊が言いましたね。

「ケルマさん、こりゃ一体、なんなんですかい？」

「ビー坊よ、この世界には、まだわからないものがふんだんにいるのだよ。この神社のケースは、その一つ。**古からの言い伝えがある場所や禁断の場所、神聖な場所は異次元につながるゲートなのかもしれない**」

「『異次元ゲート』ですかい？　それって、別の異次元につながっているの？」

「うむ。われわれは認識によって、この世界を安定させようとするのだ。科学や言葉、経済、医学、法律、政府、国土交通省、確定申告、お母さんなどの、ＡＬＩＥＮ（有り得ん）力を使ってな。しかし、**ＡＬＩＥＮ力が及ばない領域がある。それが『異次元ゲート』なのだ！**」

「う〜ん。やはり、お母さんってのは、かなり強烈なＡＬＩＥＮ力があります！　超常戦士にとっては、最大の障壁かもしれませんぜ！」

「うむ。お母さんは、子どもの生殺与奪を支配する存在だからな。われわれ超常戦士は、できるだけお母さんの監視を避けて、活動せねばならないのだよ！」

『異次元ゲート』は、さまざまな場所にありますね。そこでは、多様な超常現象が起こるのです。

## 夜中に突然怪物が……!?

超常現象研究家のジョン・キールは、異次元ゲートのことをウインドウと呼んでいますね。彼が調査した有名なウインドウは、１９６０年代に発生したポイント・プレザントのケースですな。

超常業界で有名な『モスマン事件』です。

１９６６年11月、ウエストバージニア州ポイント・プレザントで、ドライブしていた若者たちが、羽を持った怪物に追いかけられるという事件が起こったのです。若者たちが必死で車を走らせて逃げたら、怪物は空を飛んで近づいてきたそうです。

この怪物は、『モスマン（蛾人間）』と名づけられました。そして、事件を皮切りに、

『モスマン』を目撃する人が続出しはじめたのですよ。

奇妙なことに『モスマン』に遭遇した人たちの中には、謎の存在からテレパシーをキャッチしたり、謎の人物からメッセージを受け取ったり。奇妙な出来事を体験する人がいたのですよ。

そして、1967年の12月、ポイント・プレザントにあるシルバー・ブリッジという橋が崩壊しました。多くの犠牲者が出たその日を境に、モスマン目撃はなくなったのですよ。(ジョン・A・キール著『モスマンの黙示』国書刊行会)

## 謎の存在の共通点

「1966年にモスマン事件が起こり、日本でも1970年7月から、広島の比婆山《ひばやま》付近で、謎の怪物が目撃される事件が続出している。この怪物は巨大な猿のような姿でね。『ヒバゴン』と名づけられた。さらには、比婆山の和尚さんが謎のテレパシーをキャッチするようになり、当時放送されていたテレビ番組『11PM』に出演したのだ。そして、1974年10月を最後に『ヒバゴン』の目撃はなくなったのだよ」

「た、確かに似ていますけど、タイムラグがありますぜ。それに『モスマン』と『ヒバゴン』って、ビジュアルにかなり違いがありますぜ！」

「クックックッ、ビー坊よ。実は、私は現地に行き、いろいろと調べたのだよ。**『ヒバゴン』と『モスマン』には、多くの共通点があるのだ！**」

「共通点ですか？」

「うむ。例えば、モスマン事件の現場の近くには、ネイティブ・アメリカンたちが禁断の地として決して近寄らない、**謎の古代遺跡がある**のだよ。比婆山近くにも、非公式だが学会が認める超古代遺跡『葦嶽山《あしたけやま》ピラミッド』がある」

「謎の古代遺跡ですか！　一体、いつの時代の遺跡なんですかね？」

「不明らしい。しかし、両方共、数万年前と推測されているようだ」

「う～む」

「さらに、私は『モスマン』というネーミングが気になるのだよ」

「蛾人間って意味ですよね？」

「キリスト教の宗教画では、天使は鳥の羽を持った存在として描かれている。しかし、もっとずっと遡ると、**天使とはもともと蛾の羽を持った存在なのだ**よ」

「蛾の羽！　じゃあ『モスマン』は天使じゃあないですか!?」

「そうなのだ。イスラム教の聖典にはジーブリール、ユダヤ教の聖典にはガブリエルという天使が登場するのだよ。実は、二者は同じ存在なのだ。ちなみに、イエス・キリストが生まれることをマリアに告げたのも、ガブリエルだよ」

「イスラム教もキリスト教も、もともと同じなんですね」

## 全ての始まりは、神さまの時代から？

「さて、比婆山には、日本神話に登場するイザナミさんの遺体が埋葬されているという伝承がある。つまり、黄泉の国へのゲートだな」

「うひゃあ、そうだったんですかい！」

イザナギとイザナミは、この世界を創り出した夫婦神です。しかし、イザナミは、火の神を生んだときに焼け死んでしまいます。嘆き悲しんだイザナギは、イザナミを迎えに黄泉の国へ行ったのですがね。

そこには、世にも恐ろしい光景があったのです！　イザナミの体からはたくさんのウジが湧き出て、さらには雷神が体中に跋扈《ばっこ》していたのですよ。

イザナギは驚いて、一目散に逃げ出しました。イザナミは怒り狂いましたね。

「あなたは、私に恥をかかせましたね！」

イザナミはイザナギを捕まえるため、醜女に追いかけさせました。イザナギは醜女たちを必死にかわし、ついに黄泉の国を脱出するのですよ。イザナギが黄泉の国の入り口を千引の岩で塞ぐと、イザナミは呪いの言葉を叫びました。

「これから生まれる地上の人間を、私は毎日１０００人殺します！」

この呪いの言葉に対して、イザナギはこう答えたのでした。

「私は毎日１５００人の人間が生まれるようにしよう！」

聖書では、史上初の人類はアダムとイブとなっています。しかし、別の書物や伝承では、初めに誕生した人類はアダムとリリスだと記されているのですよ。イブは二番目の奥さんなのです。

では、リリスはどうなったのか？　リリスはアダムと離婚した後、魔界の女王になり、魔物の子どもを次々に生み出すのですな。

神はリリスに、アダムのところへ戻るようにと説得しました。しかし、リリスは拒むのです。そこで神は「毎日100人の子どもを殺すぞ」と、リリスは「毎日それ以上の子どもを生む」とそれぞれ宣言するのです。

もう、おわかりかと思いますがね。これはイザナミとイザナギの話の変形なのです。

「つまりだな、ビー坊よ。**数万年前、この地球には神々の時代ともいえる巨大な文明**㊎**があったのだよ。それらの『異次元ゲート』は今でも機能している**のだ」

「どんなふうに機能しているんですかい？」

「比婆山付近では、今でも**時空が歪んでいるとしか思えない奇妙な体験をする人が多い**のだよ」

「そ、そうなんですかい？」

「他にもだね。モスマンもヒバゴンも目撃されなくなって30年……2002年のある日突如、モスマン事件がハリウッドで映画化されたのだよ。しかも、主演はリチャード・ギア！　タイトルは『プロフェシー』！　ダークな感覚溢れる、斬新なサスペンスだったね！　さらにだな、2005年には、ヒバゴン事件が映画化されたのだよ。主演は井川遥」

「なぜ……井川遥？　なぜ、ほのぼの系？」

「偶然ではないのだろうね。なにか、目に見えない世界のエネルギーが、この現実世界に流出しつつあるのかもしれん。なぜなら、私は『ヒバゴン』を目撃したのだよ！　比婆山で！」

## いつの間にか「浦島太郎」状態に⁉

『異次元ゲート』を調べていくと、さまざまな体験をしている人たちがいることにびっくりしますよ。深夜のファミレスの前に2メートルくらいの巨大なカンガルーが現れたり、家の中に鬼が現れてさまざまな予言を残して消えたり……。

ある日、私の友人である、ゆらゆら突撃隊長は不思議な言い伝えのある場所で車を停めました。なぜか、近くにはボロボロの幼稚園バスが放置されていたそうです。

少し仮眠してから会社に帰ると、大騒ぎになっていました。

**なんと、友人は行方不明になっていたというのですよ。**

友人はたった数時間と思っていたのですが、実際には丸一日経っていたのです。

# 意外とうっかり入っちゃう!?
# 異次元への扉

## ケルマさん、ヒバゴンに遭遇!?

ある日、私は車で広島に行った帰り道、深夜に比婆山を通ったのですよ。
ふと見ると、

道路の脇に巨大な灰色の生物が！
しかし、熊ではない……。

「こ、これは、比婆山に棲むといわれるヒバゴン……！」

心底パニクりましたよ。車にぶつかってきたらどうしようかと、急いで通り抜けましたね。

3キロほど走り、人里に下りてから「こ、この体験を、臨場感溢れる今のうちに、みなさんにお伝えせねば！」と、震える手で必死に友人や知人へメールしたのです。

やがて、友人たちから、ぞくぞくと返信がきましたね。

Re「近くに行って写真を撮ってください」
Re「できるかぎり接近してください」
Re「触れてみてください」
Re「へぇ～ヒバゴンなんだあ～。気をつけて帰ってね」
Re「ぷぷ～、ケルマデックさんらしいや～」
Re「死ぬ気で接近してください」

……そうですか。みなさんの気持ちは、よくわかりましたよ。超常現象に遭遇した者がなぜ口を閉ざすのか？　それが理解できた一夜でしたね。

それから数年経ったある日、私はYouTubeでＵＭＡ特集を見ていたのです。

結構、マジなドキュメンタリーでした。世界的に有名な科学者や登山家が、鬼気迫る表情で「雪男を見たんだ！　熊なんかと間違えるはずはない！　確かに見たんだ！」と、主張していましたね。

まあ、熱くなる気持ちはわかりますよ。

ただね、彼らが描いた雪男のイラストというのが……。

「お、おまえは小学生かっ！」と絶叫したくなるような、小学1年生レベルのシロモノだったのですよ。

インタビュアーの女性が困惑しながらも「へぇー、これが雪男なんですねー」と、プロの対応をされていました。

「こりゃ、いかん！」と、私は思いましたね。いくら世界的な権威を持つ人物たちの話でも、こんな小学生魂爆発のイラストでは、世間は納得しまいて。

しかし、どう考えてもね。雪男やヒバゴンは、一般市民にとって興味を引くような対象でも、あまり役に立つような素材でもないのですよ。「ヒバゴンで成功する!」とか「ヒバゴンで健康になる!」とかないからなあ。

ああ! だがしかし! 私は伝えねばならないのだ! ヒバゴンを!

とゆーわけで、ヒバゴンを描いてみました。ただね……、私が描くと少々コワモテになってしまったので、超常マンガ家たっぺんに描いてもらいましたよ。

## 珍事件多発!? ヒバゴン・ロード

ある警察官の男性が、こんな報告をしてくれました。

彼の娘さんが友だちと一緒に、車でコンサートに出かけたときのこと。鳥取県の米子《よなご》から広島へ片道約4時間の道のりだったのですがね。娘さんたちは意外に早く帰って来たそうです。いや、意外どころか、異常に早いと感じたのですね。

つい、職務質問のような展開になったのだそうです。

「コンサートはいつ終わったのか？」

「広島を出発したのは何時か？」

「どのようなルートをたどって帰ってきたのか？」

いろいろ調べた後、彼は娘さんにこう伝えました。

「コンサートは21時に終了。それから1時間弱、食事をしてから車で移動。比婆山付近で国道A号に入り、23時半に帰宅。帰宅に要したのは約2時間。パンフレットやチケットなどは、当日に得た実物で、当事者に虚偽などの陳述は認められない……」

――まあまあ、ヤマさん、まだクロって決まったわけじゃないさ――

## 実は、娘さんたちが入った国道A号は、比婆山付近にはないのです。

ちなみに、実際は富山県にあります。

比婆山近くでは、同じような体験をした方がたくさんいるのですよ。

### 一人ドライブはご用心

ある女性も、比婆山付近を車で通ったとき、怪しい現象に遭遇しました。

彼女は会社を経営しておられましてね。広島へ仕事に行った帰り道、比婆山付近を通ったのです。近道をしようと思い、農道を通ったのですが……。

## 辺りの景色が、どんどんセピア色になっていくのですよ。

初めは気のせいかと思ったのですが、明らかに色が変化していたそうです。

ふと見ると、田んぼで農作業しているお年寄りたちが立ったまま、じーっとこちらを見ていました。なんだか怖くなり、さらに車を走らせました。

しかし、風景のセピア色の度合いはどんどん深くなっていったのです。

そして、やはり、お年寄りたちが立ったままこちらを見ていました……。

「このままではまずい！」

彼女は狭い農道で車がキズだらけになるのもかまわずに方向転換し、もと来た道を夢中で引き返したのですよ。

そのときも、やはり、お年寄りたちは立ったまま……。

「わ〜っ！」

必死に走り続けると、だんだん風景のセピア色の度合いは薄くなり、もとの世界の風景が戻ってきたのです。

「助かった……」

後日、彼女は息子さんと一緒に、もう一度その付近を通りました。しかし、あの農道は確認できなかったのだそうです。

比婆山はイザナミさんの遺体が葬られた、あの世とこの世の境界なのですよ。この境界は、われわれの日常生活にさまざまな形で参入してくるのです。

宮崎駿監督のアニメ『崖の上のポニョ』では、この世とあの世をつなぐ境界として、トンネルが登場します。『千と千尋の神隠し』でも、同様の場面がありますね。

また、鳥取県の境港には、妖怪で有名な『水木しげるロード』があります。境港は「あの世とこの世の境」という意味なのですよ。

**橋やトンネル、道路、階段、エレベーター、病院などは、あの世とこの世の境界として機能します。**

つまり、これらは全て『異次元ゲート』なのです。

# 摩訶不思議⁉ 異次元ゲートにハマった人たちの体験

## 異次元ゲートの真実

強力な**異次元ゲートである可能性が高い場所は、イザナミさんにまつわる神社や土地なのですよ**。調べると、やはり超常現象やＵＦＯがよく目撃されています。

それと、私にはもう一つ、気になることがありますね。

どうも、異次元ゲートの背後には、『謎の集団』みたいな存在がちらちらと見え隠れするのです。まるで『ＭＩＢ（メン・イン・ブラック）』のような……。

――やはり、フィールドワークに行かねば――

そう考えていたら、友人のPeangelさんがこう言ってきました。

「ケルマデックさん、母塚山って知ってます？」

――はつかさん？――

「イザナミさんが最終的に葬られたといわれている山なんですよ。超常現象やUFOの目撃が多いところらしくて」

イザナミさんが葬られたと伝えられる山は、比婆山の他にもいくつかありましてね。いずれも、異次元ゲートなのですよ。

「今度、みんなで行ってみましょうよ。クックックッ……」

――Peangelよ、おのれ、やはり『謎の集団』の一味だなっ――

とゆーわけで、鳥取県にある母塚山でフィールドワークをすることになったのです。


さて、われわれ超常戦士たちは、母塚山に集結したのですよ。

Peangelさんが、注意事項を説明しました。

「みなさん、頂上は大変狭く、車は4台くらいしか停められません。夜は真っ暗で、なにも見えない大変危険な道です。頂上には、建てられたばかりの観音像があります。その裏はすぐ断崖絶壁になっていますから、気をつけないと死ぬかもしれませんよ」

Peangelさんのつとむ号を先頭に、山の中をマシンが爆進していきます。

しかし……。あれ？　なんか普通の山道だし、たいして暗くないし……。危険な香り、全然ないですな。それに……それに……。

## 山の頂上、広っ！

4台どころか、ハナテン中古車センター（関東の人、わかりますかね？）の社員なら、20台くらい停められるかも。

「あれれ〜？　あれれっ？　こんなんだったっけ〜？　おかしいなあ？　この前来たときに見た風景と全然違う！」

Peangelさん（44歳）、脳内補正していたようです。すると……。

「ああっ！　これが観音像か！」

母塚山の頂上で、われわれが見たもの……それは、巨大な観音像だったのですよ。

「おお、しかし、なぜ観音像が……？」

しかも、つい2カ月前に建てられたばかり。建立したのは、ある音楽学校の理事とありましたね。地域の教育と福祉の活性化のためという名目はあるみたいですが……。

「ケルマさん、こりゃあミステリーですな。震災が起こった直後のこの時期に、なぜこの場所に建てられたのか？　今一つ不自然じゃあないですか」

「うむ、確かに奇妙ですな」

私は少し考えてから、こう語りました。

「今われわれの目の前で、イザナミさんは観音の御姿になっておられます。怒りのない安らいだ姿です。祟りを鎮められ、慈悲に満ちた姿なのかもしれません」

これは、陰ながら行われた神事かもしれませんな。

なぜなら、観音さまの顔はまっすぐ東、富士山に向かっていたのですよ。

母塚山へ行ってから、後になって、ちょっと奇妙なことに気づきましたね。

現地に到着する前、Peangelさんは「観音像の裏は断崖絶壁。気をつけないと、死ぬかもしれません」と言っていましたね。

しかし、実際には全く違っていました。

# 観音像の裏は緩やかな斜面だったのですよ。

Peangel さんは終始「変だ！」とぼやいていましたね。

## 二次元と異次元の重なり

このミッションを遂行する少し前に、『あの日見た花の名前を僕達はまだ知らない。』（通称あの花）というアニメを観たのですよ。『魔法少女まどか☆マギカ』と、トップを競い合った大ヒットアニメです。

しかし、このアニメ……巨大ロボ、ありません。巨乳、ありません。お色気、ありません。超能力、ありません……。

「巨大ロボが出ないということは、アニメとして致命的なマイナスポイントである」（Peangel 談）

ううむ、確かに……。

『あの花』では、ひたすら青春くさいドラマが展開されます。なぜこのアニメが大ヒットしたのか？

実はこのアニメを観たとき、不覚にも私はうるうると落涙してしまったのです。いやあ……不意打ちを食らいましたね。

物語では、主人公たちが亡くなった少女の死を受け入れるまでのプロセスが描かれています。しかし、なぜ死の受容をテーマにしたアニメが大ヒットしたのか？　放送日を調べて納得しましたね。

２０１１年の４月、東日本大震災の直後にスタートしているのです。

**ヒットするアニメや映画はわれわれの『集合無意識』の顕《あらわ》れ**だと、私は考えています。『集合無意識』とは、人間の無意識の領域に存在し、個人を超えて、石などの無生物から動物などの生物まで、あらゆる存在とつながっているものなのです。

死を受け入れて消化する作業が、われわれにはどうしても必要だったのですな。

しかも、このアニメの製作は大震災が起きるずっと前から始まっていたのですから、全て予定調和だったのかもしれません。

このアニメを見たとき、私は古事記に出てくるイザナミさんの物語を思い出しましたね。イザナギさんがイザナミさんの死を受け入れ、この世とあの世が分け隔てられるお話です。

**イザナミさんは、全てを産み出す慈愛に満ちた母なる神（グレートマザー）であると同時に、全てに死をもたらす怖い神でもあります（命あるものはやがて死にますから）。**

イザナミさんはイザナギさんと決別したとき、怒り狂い、一日に1000人の人間の命を奪うと宣言しました。つまり、人間に初の祟りをなした祟り神なのです。

他にも、祟りをなした有名な神さまに、菅原道真さんがいますね。彼は、謀略によって遠方に流されてしまいました。それから、彼は自分の潔白を伝えるために、必死の想いで経を書き続けたのですがね。何一つ報われることなく、亡くなられたのです。

その後、都に災いが起こり始めました。

朝廷は祟りを鎮めるために、菅原道真公を神として祀ったのですよ。要するに、**祟り神を祀ることで、災害を鎮めることができる**のです。

そして、確かに言えるのは、醜い姿を見られて怒ったイザナミさんがおどろおどろしい姿で、イザナギさんを追いかけたように、**傷ついた女性の中には、とてつもなく恐ろしい存在がいる**ということなのですよ。**その傷が癒されたとき、彼女たちは観音のように穏やかな慈悲深い存在になる**のでしょう。

『あの花』や『四谷怪談』、『リング』は、どれもイザナミさんをアーキタイプ（特定のイメージを生み出す源。元型ともいいますな）とした物語ではありますがね。特に『あの花』のヒロインが人の心を打つのは、彼女がイザナミさんであると同時に、癒された存在でもあるからなのですよ。

## 「変な場所」の特徴

母塚山ミッションからしばらく後、ケダモノ治療家のタク丸翁から、メールが来たのです。

「今、母塚山に向かうとこなんぢゃが、なにかおかしいんぢゃよ。行けども行けども、目的地に着く気配がない！　どんどん狭い森の中に入っていくみたいぢゃ！　おかしいのう？　道を間違えたのかのう？」

タク丸翁のアルファード号は、やがて、だだっ広い空間に出ました。

「なんぢゃここは？　気持ち悪い場所ぢゃな……」

民家もあるけど、異常なくらいに静かでなんだか人の気配が全くない……。普段の世界とは違う、異質な世界と感じたそうです。

**実は、異次元世界の特徴の一つが、この異常な雰囲気なのですよ。**

「ここは、異常な場所ぢゃ！　それに、山の中から、女性と子どもの声が聞こえてくる……ここから早く脱出せねば……」


帰れなくなる……と感じたそうです。


すぐに私は伝えましたね。

「早く！　そこから脱出してください！」

その後、タク丸翁は「無事脱出した」と連絡してきました。

実は、私も似たような経験があります。

ある日、車で鳥取道を走っていたのです。一本道の高速道路なのですがね。走っていて間もなく、私は奇妙なことに気づきました。

## 「おかしいな……。対向車が一台もないぞ」

対向車どころか、後続車もないのです。

違和感は次第に大きくなり、ついに私は車を道路に停め、外に出てみました。

空気といいますか、雰囲気が変なのですね。

そのとき、マーチン・ケイディン著『空の上の超常現象』（ＰＨＰ研究所）にあった実話を思い出しましたね。本には、自家用飛行機に乗った男性が、異常な雰囲気に包まれた無人の空港に降り立った体験が書いてあったのです。

「こりゃ、まずい！」

あわてて車に乗り込み、ひたすら走りましたね。

やがて妙な雰囲気は消え、私は普通の高速道路に戻ってきたのでした。

## 怪しいバス

ある朝。超常戦士たち20名が、マクドナルドに集結したのです。

超常現象が発生するというミステリー・スポットに向かうために！

通称『山の牧場』という、超常業界では結構有名な場所なのですよ。「時空が歪んでいる」「UFO基地」ともウワサされています。

険しい謎の山道を、ゆらゆら突撃隊長のひとつぶ号が、超常戦士たちを誘導しながら爆進していきます！

激しい悪路がわれわれの行く手を阻むかのように、車体を激しく揺さぶる！　だが、隊長が操るひとつぶ号の進撃は止まりません！　さらに山口県から駆けつけたタク丸号、鳥取県から来たイガッティ号も続きます！

途中なぜか「小豆島霊場巡礼」という垂れ幕をつけたバスが2台、狭い山道ですれ違って行きました。

バスの中には、びっしりとお年寄りたちが座っておられましたね。

「こ、こんな山の道を、霊場巡りのバス???」

ありえないよね……。早くも、われわれは異次元の存在と接触しつつあるのか？　超常戦士たちに緊張が走りましたね。

ゆらゆら突撃隊長が言いました。

「この辺はただの山ではなくて、近くに金の鉱山もあるんですよ。謎だらけですよ。こりゃまだ、なんかありますよ。きっと」

やがて、『山の牧場』はその異様な姿を現したのです。近くには怪し気な建物がありました。中へ入ってみると……。

「こ、これは！」

見たまえ！　２階の人が入れないところにドアが……。

全てのカレンダーが１９９８年で止まっている……。

無理矢理、２階に開けられた入口……。

この建物は、なにか変です。

霊能力部門担当のチャクラさんが、私に耳打ちしました。

「この辺りのものは、持って帰らないほうが良いです……」

チャクラさんの霊能力は、非常に的確でしてね。彼女はできるだけ役に立つ情報を提供しようと苦心する、珍しく誠実な霊能者なのです。

「緊急伝達！　現地のものは、松ぼっくり１個、ポッキー１本に至るまで、持ち帰らないでくださ〜い！」

巫女のまいまいさんが、慌てて拾った松ぼっくりを手放しました。

チャクラさんがなにかを感じているということは、「ここに怪しいなにかがある」のは間違いないようですな。あちこちに、岩が遍在している様子からして、古墳などを造る技術を応用した古代人の遺跡なのかもしれません。

やがて私はこう言いました。

「みなさん！　もし、他からやってきた来訪者に出くわしたら、無言で表情を変えずに『クックックックックックッ……』と笑ってください。彼らは『山の牧場』で謎の集団に出会ったと恐怖に震え、世間に伝えるでしょう！　そうです、われわれ自身が伝説になれば良いのだ！」

そして、われわれはその場を去ったのでした。

## 不可思議な存在はイタズラ好き？

異常に気づいたのは、後になってからでしたね。

ある事実が発覚したのです。

# 行きがけにすれ違った霊場巡りのバスの台

## 数が、見た人によって違っている、と……。

チャクラさんは、バスを見てないと言いました。私は2台しか記憶にないのですよ。バスがひどく古いもので、１９８０年代のものみたいだったという意見も出ています。また、バスの中はお年寄りばかりでしたが、今考えてみれば、霊場巡りできるだけの体力がありそうには思えない方ばかりだったと思うのですよ。さらに、彼らの表情はひどく虚ろでした。

イガッティさんが言いました。

「すれ違ったバスは7台ではなかったですか？」

ことぶきさんは、こう言いましたね。

「え〜、私、運転していたから覚えている。すれ違ったのは3台でしたよ。なんで？」

小雪さんが言いました。

「私の記憶では2台。最初の1台は少し大きめでした。バスガイド席には、お遍路さん代表みたいな案内人のおじいちゃんが乗っていました。2台目は1台目より少し小さめのマイクロバスでした。バスガイド歴15年の私が言うので間違いないと思うのですが……。すれ違ったとき『遍路めぐりのバスは早朝出発と決まっているのに、なんでこんな時間に？』とスゴく不思議でした。それも、小豆島行き。『今から姫路港なり日生港《ひなせこう》に行って何時のフェリーに乗るつもりだ？』と勝手に考えていました。ちなみに、1台目はあずき色。いすずのハイデッカーでした」

ゆらゆら突撃隊長は、こう証言してくれました。

「バスは5台以上だと記憶しています。『また来た！　何台通れば良いんだっ！』と、うんざりした記憶がありますから。バスの車種はどれも違っていたと思います。ただ、全て10年以上経過したようにボロボロでした。最後尾の1台は運転が荒かったです」

元競輪選手のユタさんが小豆島霊場協会に問い合わせたところ、こんな答えが返ってきました。

## 「霊場巡りバスは、15年くらい前に廃止にな

っています」


どうやら、あのバス、この世のものではなかったようです。

ユタさんが言いました。

「ケルマさん、もしあのバスに接触したら、車は壊れたりするんですかね？」

「わからないですな。壊れるかもしれません。しかし、間違いなく言えるのは、保険は効かないということなのだ！」

私としては、強烈なショルダー・スルーを食らった感がありましたね。「やられた！」というのが、正直な感想です。『山の牧場』での、自分の発言を思い出しましたね。

――もし、他からやってきた来訪者に出くわしたら、無言で表情を変えずに《クックククックックッ……》と笑ってください――

向こうの存在は、それをそのまま、事前にやって見せてくれたのですよ。

超常現象研究家のジョン・キールは、著書の中で繰り返しこんなふうに語っています。「彼ら（向こうの存在）は、しばしば人間に対して、超次元的な冗談を仕掛けてくる」と。

## なんか変わった？　異次元ゲートに行った人は今……

昔から不思議な伝承があったり、UFO目撃が多発したりする場所、イザナミさんなどの神を祀っている場所は、『異次元ゲート』である可能性があります。

**『異次元ゲート』を訪れると、この世界に対する認識が広がります。**その結果、日常という枠組みから解放され、**今まで体験したことがない、さまざまな可能性が人生に現れてくる**のですよ。

人は無意識のうちに、自分を制限された枠組みの中に閉じ込めてしまいます。その間は、毎日同じことの繰り返し状態になるのです。

さあ、『異次元ゲート』を訪れて、制限された世界から脱出しよう！

ある女性は『異次元ゲート』を訪れた後、つらくてたまらなかった仕事を突然退職して、やったことのない海外一人旅を行いました。そして、現地で知り合った人からアロマオイルを輸入し、ビジネスをスタートさせたのでした。

別の女性は、野菜を栽培しはじめました。以前から興味はあったけれど、なかなか実行できなかったのですよ。そして、その作業に夢中になった彼女は、ついに勤めを辞めて、農園を始めました。

さらに、もう一人の女性はスゴくモテるようになり、複数の男性から告白されたというのです。彼女はこう言いました。

「人生28年目で、初めて男性から好きだって言われました」

ふっ、まだまだ甘いですな。

相手の男性が釣書を持ってきた後、両親の合意のもとに結納を交わすまでは、決して安心できないケルマさんです。

なにはともあれ、**彼女たちに共通しているのは「人生がめちゃくちゃ楽しくなった」ということ**ですな。

### 異次元ゲートを訪れる際の注意事項

①なにしろ、異次元ですからね。訪れる場合は、必ず何人かで行動してください。

②パワースポットと呼ばれる場所や聖地、不思議な伝承や伝説のある場所を選んで行ってってください。

③いわゆる心霊スポット、事件や事故があった場所は、避けてください。

④「異次元ゲートに行ってきます」などと言ったら、お母さんが大変心配します。いつも通り、行き先を告げるだけにしておきましょう。

異次元ポイント

# 異次元ゲートを訪れると、「ワクワク」することがやってくるのですよ

# 第4章

# 新しい世界の扉を開いたら?

今、新しい世界を選ぶときがきているのですよ。
大きな変化の前には、
痛みを伴うこともありますがね。
「なんでこんな目に遭うんだ！」
「もう、立ち直れない……」
「ジェラシー！！」
ただ、つらい出来事の後は、
ささやかでも、明るい未来や幸せに
つながっていくと思いますよ。

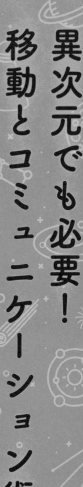

# 異次元でも必要！移動とコミュニケーション術

## 魂の乗り物

小豆島巡礼バス事件の体験を聞いたビー坊が、言いましたね。

「しかし、ケルマさん、なんでバスなんですかね？」

「日本を代表する童話作家、宮沢賢治さんの遺作となった『銀河鉄道の夜』は知っているかね？」

「知っていますとも！『銀河鉄道999』のもとになった話だね」

「さて、銀河鉄道とはなにか？　この汽車には、さまざまな人が乗っている。途中でも、船が沈没したために、ある団体が乗り込んでくるね。実は、彼らは氷山に衝突して沈んだタイタニック号の乗客たちなのだ。つまり、死んだ人たちなのだよ」

「一緒に乗っている主人公の友人のカムパネルラも、実は死んでいるんだよね」

「うむ、銀河鉄道とは、人の魂が乗る汽車なのだ。つまり、臨死体験なのだよ。実際に、**臨死体験した人の中には『向こうの世界にいるとき、列車や電車に乗った』と主張する人がいる**」

「『千と千尋の神隠し』も、そうですぜ！」

**バスや電車、タクシーなどは、霊的な存在が好んで使う移動手段なのかもしれませんな。**特に、まだ生前の記憶が濃厚な存在たちは、移動する手段のイメージとして、これらの交通機関を活用するのでしょう。

## 助け合いの精神!?　霊的ヒッチハイク

非常にベタなケースを一つ。

ある日、私の友人が家の新築祝いをしていたのです。すると、玄関のチャイムが鳴り、出てみると、タクシーの運転手さんが立っていました。

「こちらに、お年を召された女性を病院から乗せてきました。ただ、お金を取りに家に入られてから、ずっと出てこられないのですが……」

友人はびっくりして、どこの病院かと尋ねました。運転手さんは、ある病院の名前を告げたのでした。

**それは、数カ月前に、友人のお母さんが亡くなった病院だったのですよ。**

ビー坊が、素朴な疑問を提示しました。

「亡くなった人って、自由にあちこち行けそうに思うんですけどね？」

「うむ。どうやら場合によっては、**生きているときの観念に囚われて、車や電車でないと移動が難しいケースがある**みたいだな」

「確かに、タクシーのケースなんて、よく聞きますぜ」

「うむ、実家が沖縄の場合、まずタクシーで空港に行き、それから飛行機で移動して、さらに空港からタクシーで向かうというルートになるだろうな」

「そんなときは、どーすんですか？」

「ポピュラーなケースでは、**誰かに憑いていくってことが多いね**」

「へぇーそうですかい？」

「面白いことに、**霊的ヒッチハイクを手助けしてあげた人は、旅の危険を回避できたり、いろんなことがスムーズにいったりすることが多い**のだよ」

「へぇー守ってくれてんですかね」

ある日本人が、アメリカに行ったときのこと。

ホテルで友人とアニメについて熱く語ってい

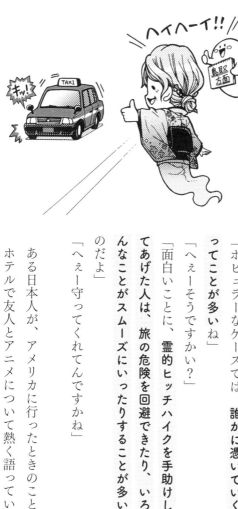

ると、霊的な存在が話しかけてきたのです。その霊は長くそのホテルに住み着いている陽気なヤツで、アニメに興味を持ったようでした。

その存在が「日本に連れていってくれよ」と言ってきたので、彼は「良いよ」と答えました。彼には目に見えないものと交信する能力があったのですな。

霊と日本に帰ってきてから、なぜか不動産関係の仕事が異常に増え、全てうまくいったそうです。

彼が言いましたね。

「その霊だけどね。

## 生前に不動産で大成功した人だったんだよ。

もしかしたら、助けてくれたのかな」

## いつも「霊」を忘れないこと

ビー坊が言いましたね。

「ケルマさん、霊ってなんですかね？」

「実は**『霊』とは『礼』のこと**なのだよ。中国の孔子という聖人が説いた『礼』とは、相手に敬意を持ってコミュニケーションすること。つまり、社会を構築する重要な原理だな。そして、**『霊』とはその場にいないものとコミュニケーションするという意味**なのだ」

「なんと！　でも、どうしてですかい？」

「もともと霊は『靈』と書いたのだ。口を通じて、目に見えないものとコミュニケーションする姿を表している。しかし、戦後になり、『靈』は『霊』という字に変わってしまった……。真ん中に横線が入って、目に見えないものとのコミュニケーションが遮断された形になったのだ」

「そうだったんですかい」

「現代人は**『目に見えなければ無視しても良い。目に見えなければ何をしても構わな**

い』と思っているが、それは礼儀知らずなのだ。目に見えないものをバカにしたり、霊を利用してお金儲けをしたり、怖さを売り物にしたりするのも、礼儀知らずなのだよ。『霊』とは『礼』、つまりコミュニケーションなのだ！」

# 癒しが訪れる……目に見えない世界からの贈り物

## 優しいイルカの絵

私はときどき、無性に絵が描きたくなることがあるのです。

ある日、一人の女性が来られましてね。彼女は少し前に、ご主人を事故で亡くしたのです。まだ幼い子どもさんが三人いたのですが、あまりにつらいので起き上がれなくてね。毎日、布団を被って寝ていました。

「死にたい。死にたい」と、思い続けていたそうです。

そんなある日、彼女は自分の体の異常に気づきました。病院で診察した結果、ガンだったのです。

なんだかね。私は彼女の話を聞いているうちに、無性に絵を描きたくなりました。

ふと思いついて、たまたま近くにあったイルカの置物を見ながら、スケッチブックにイルカの絵を描き出したのでした。

そして、描きあげた絵を、彼女にあげたのです。

さて、その夜、彼女から電話があったのですよ。

「家に帰ったら、娘が珍しく絵を描いていました。見ると、イルカの絵でした」

娘さんは、こう言ったそうですよ。


「お母ちゃん、イルカってね。にんげんのびょうきを、なおしちゃうんだって。だから、イルカをかいたの。お母ちゃんのびょうき、

## これでなおるよ」

この女性は、娘が自分のことを気遣ってくれていたことに、ショックを受けたのでした。今まで自分のつらいことしか考えていませんでしたから。

それから間もなく、病院で診察を受けたら、ガンが見当たらなくなっていたそうです。

## 天使の微笑み

彼女から病気が消滅した話を聞いて、私は久しぶりに絵の個展を開こうと思いました。スケッチブックに数点ラフを描きながら、私は会場について考えていましたね。

——「本の学校」というギャラリーはどうかなぁ?——

そのとき、セッションのお客さんがやってきました。そして、私の描いたラフを見て、こう言ったのですよ。

「あら、ケルマさん、個展でも開かれるんですか？」

「うむ。しかし、まだ場所は決まっていないのだよ」

「……ケルマさん、どうでしょう？　私ね、今『本の学校』ってとこに勤めていてね。そこで個展の企画をしているんですよ」

「そうでしたか！　そりゃ初耳ですな。でも、会場費って高いんじゃ？」

結局、講演をしたら会場費は要らないということで、場所が決まったのですよ。

さて、個展の初日のことです。

ふと見ると、絵の前で泣いている女性がいました。幼い子どもの天使を描いたもので、私の作品の中では、珍しくかわいい絵でしたね。

話しかけてみたら、彼女はこう語ったのです。

「私は、1カ月前に息子を亡くしました。ずっと世話をしてきましたが、息子は生まれつき脳に障害があり、動くことも声を出すこともできませんでした。ところが、ある日、息子が生まれて初めて笑い声を出したのです」

――きゃっ、きゃっ、きゃっ――

「ドクターや看護師さんは驚きました。私も驚きました。奇跡じゃないかって、みんながら言いました。……そして、その日、息子は亡くなりました」

息子は最期に挨拶してくれたに違いないと、彼女は思ったそうです。

「1カ月ほど、私はずっと閉じ籠っていました。でも、なぜか、今日は外に出てみようと思って。なんとなく、ここに来たんです。そして、この絵を見たら、涙が溢れてきました」

**私の描いた子どもの絵が、彼女の息子にそっくりだったというのです。**

私は、こう言いました。

「よろしければ、個展が終わったら、この絵を受け取りにきていただけませんか？さしあげますよ」

彼女は、びっくりしていましたね。

やがて個展の終了後、この女性は絵を受け取りにきました。そして、こんな話をしてくれたのですよ。

「実は、私は数年前から脳に腫瘍があり、治療は大変難しいと言われてきました。でも、ついこの前、ほんとに久しぶりに病院で診てもらったら、脳腫瘍が確認できなかったのです」

息子が自分の病気を持っていってくれたに違いないと、彼女は言いました。

「さあ、お母さんと一緒に、家に帰ろうね」

この女性はそう言って、絵をブランケットに包み、家に帰っていきました。

## 夢がつなぐもの

私はある日、脳腫瘍を患っている、まだ20代の女性にお会いしました。

彼女が幼いとき、両親は彼女を置いて出ていったのですね。

「かわいくなれば、誰も置いていったりはしないと、思って生きてきました」

彼女は必死でお金を貯めて整形手術を受けたのですが、手術後の感染症によって、脳内に炎症が起こってしまいました。

そして、ある日、脳腫瘍が確認されたのでした。

彼女は幼いときから「なにか人に役立つことをしないと、この世界はなにも与えてくれない」と、感じてきたのですな。

しかし、彼女にはささやかな夢がありました。

「私、宮沢賢治が好きで、作家になりたいと思っていたんです」

彼女はよく、文章を書いて投稿していたそうです。

私は彼女に、こう言いましたね。

「あなたは、受けとることに慣れてないだけなのだよ」

私は自分が創作した本やＣＤ、絵を「受けとってくださいな」と言って、彼女にあげて帰ってきました。

それからしばらく後、彼女から手紙がきたのです。手紙にはこう書かれていました。

「ついこの前、作家のＭ先生から、いきなり小包が送られてきました！」

Ｍ先生は、著書が映画化もされている、有名な作家さんなのですよ。

「小包の中には、M先生の本が数冊と、長い文章が綴られた手紙が入っていました。でも『面識もないのに、なぜ本を私に送ってこられたんだろう』と戸惑ったんです。思い当たるのは、M先生の本を買ったとき、読者ハガキに感想を書いて送ったことくらいでした」

小包に電話番号が記載してあったので、かけてみたらM先生の奥さんが出られました。彼女は奥さんに、本のお礼と共に、自分の病気のことや先生の本が大きな励ましになったことを伝えたのですね。

すると、奥さんがこう言われたそうです。

「主人は大きな病気をしたことがありますから、あなたからのハガキに、なにかを感じたのかもしれませんね」

その後、闘病中の彼女から、自分の書いた文章が『宮沢賢治の魅力を語る』という本に載ったという報告がありました。

そして数カ月後、彼女のいとこという女性が、私を訪ねてこられました。

「あの子ね。亡くなったんですよ。亡くなる直前は症状が進行して、目が見えなくなっていました。でもね、彼女窓の外の夕日を見て、ニコニコしながら言ったんですよ。

『わぁ〜、きれい、きれい！ねぇ、見て見て。ほんとに、きれいねぇ』って。

不思議ですよね。目が見えなくなっているのに。でも、彼女は本当にきれいって言ったんですよ。『私、生まれてきて、ほんとに良かった』って」

私は、脳腫瘍で亡くなる方とお話しする機会がたくさんありましてね。

みなさん、ニコニコして逝かれる方が多いのですよ。

彼らは目に見えない世界を見ていたのだと、私は確信しています。

## 不思議なつながり

Yさんは20代のときから、将来男の子を産むと思っていたそうですよ。なぜかわからないけれど、そう感じていたそうです。名前もつけていたのですね。「ゆうちゃん」と。

やがて彼女は結婚しました。しかし、子どもはなかなかできなかったのです。さまざまな方法を試しましたが、うまくいかなかったのですよ。

それから、Yさんが40代半ばになったとき、縁あって養子を迎えることにしました。その子は、男の子でした。名前は「ゆうちゃん」ではありませんでしたがね。

ある日、その子は熱を出したのですな。幼い子どもにはよくあることですが、Yさんは心配で、ずっとそばにいましてね。

やがて、子どもは目を覚まして、ささやくように彼女に言ったのです。

「……お母さん、お母さん……ぼく、ゆうちゃん……ゆうちゃんだよ……」

そして、すぐに目をつむり、また眠ってしまったそうですよ。

Yさんが、私に言いましたね。

「ケルマさん、20代のときの私はね。必ずゆうちゃんが来てくれるって思っていたのよね。その後は、すっかり諦めて忘れていたんだけど……。あの子が『ゆうちゃん』って言ったとき、私、びっくりして腰が抜けたの。……その後は、ただただ涙よ」

私は彼女に、こう言いましたね。

「**時空も生物学的遺伝子も超えたつながりというものが、あるのだよ**」

## アラサーちゃん、妖精に会う

アラサー女子のリエさんが、こう言いました。

「私、ずっとスコットランドに行きたいって思っていたんですよ」

私はこう答えたのです。

「スコットランドといえば、『フィンドホーン農園』という、怪しくも不思議な農園がありますよ。妖精と人間が共同で造っている農園だそうです」


さて、その数カ月後、会社を辞めたリエさんは念願のスコットランドに到着しました。

しかし、実は着いた後のことを全く計画してなかったのです。

「さて、どうしたもんやら」

途方に暮れていると、バスが通りがかり、窓から日本人らしき女性が顔を出しました。そして、リエさんを指さし、こう言ったのです。

「あなた、ＬＣに行きなさい！」

――は？――

困惑するリエさんを残して、バスは去って行きました。リエさんはわけがわからないまま、とりあえずＬＣを探したのでした。

調べると、ＬＣはホテルのことだと判明しました。

――ここに、なにかあるのかしら？――

リエさん、まさに「導かれし者の、恍惚《こうこつ》と不安、我にあり」の状態ですな。

さあ、結論から言いましょう。実は、そのホテルにはな～んにもなかったのです。

仕方なく、彼女はホテルに泊まり、駅に戻ってきました。すると、そこに一台のバスが停まっていました。よく見ると、

「フィンドホーン農園行き」


そう表記されていたのです。

――ケルマさんが言っていた、フィンドホーン農園だ！――

そんなわけで、彼女はバスに乗りました。後になって、わかったのですがね。フィンドホーン農園行きのバスは、月に２本しかなかったのですよ。

フィンドホーンに到着したら、男性が出迎えて言いましたね。

「あなたはなぜ、ここに来られたのですか？」
「いえ、その、たまたま偶然乗ってしまって……」
「ならば、あなたは招かれたのですね。どうぞ、ここでしばらく過ごしたら良いですよ」

このフィンドホーン農園の、日常の指針が「偶然」だというのですよ。**偶然には意味があるというのです**。

なんだか、ベタベタなスピリチュアル爆発の展開になってきましたな。

リエさんは農園で仲間と農作業などをして、しばらく過ごしました。夜になると、キャンドルをつけて花や植物を囲み、対話したそうです。……誰と？

やがて、キャンドルに照らされた植物の周辺にポツポツと、光みたいなものが現れはじめました。仲間の一人が、彼女に言ったのです。

## 「見える？　妖精だよ」

フィンドホーンは、妖精と人間が共に過ごせる場所なのですよ。

その後もさまざまな体験をしたリエさんは、ある日唐突に「日本に帰ろう」と感じました。そこで、妖精に頼んだのです。

「私、日本に帰ろうと思うの。妖精さん、なにかプレゼントが欲しいわ」

すると、足になにかがゴツッと当たったのです。拾い上げると、オレンジ色のハートの形をした石でした。


そして、リエさんは日本に帰ってきました。

私としては、すっかり妖精脳になって帰ってこられたリエさんが、能率と効率に追いかけられる日本の生活に戻れるかどうか、懸念していましたがね。

どうやら、それは杞憂《きゆう》に過ぎなかったようですな。

## 「一度、妖精を認識してからは、日常生活の

さまざまな場所で見るようになった」

と、リエさんは言いました。

**妖精とは、日本でいうところの『妖怪』ですよ。**みなさんも妖精体験をしたいのならば、日本の境港にある水木しげるロードを訪れると良い！

わざわざ、フィンドホーンに行く必要はないのだよ。

# 世界を救う！イマジネーションの力

## 妖怪アマビエ

2020年2月、新型コロナウイルスのパンデミックにより、世界のあちこちで不安とパニックが発生しました。ネットではさまざまな情報が飛び交い、人々は混乱しましたね。

その最中、SNSでは『アマビエさま』の絵を書く人が急増したのです。

ビー坊が言いました。

「ケルマさん、なんで『アマビエさま』が流行ってるの？『アマビエさま』は妖怪だよね？」
「うむ。『アマビエさま』は、海に住む妖怪らしい。江戸時代に、熊本で目撃されたそうだ。そのとき、『アマビエさま』はこう言ったそうだよ。

注 ケルマデック（アマビエさまバージョン）
私を見るのだ！

『疫病が流行ったら、私の姿を絵に描いたものを人々に見せなさい』とね。

『顔だしOK！　拡散OK！』という妖怪なのだ」

「へぇ〜! そんな妖怪がいたんですかい?」

デマや不確実な情報によって、不安な状態が続いていますね。

こんなとき、人間の心を動かすのは、理屈ではないのですよ。**人体の免疫や自律神経、細胞など、直接目で見ることができないもの、つまり、無意識領域が関係する部分は理屈では動きません。**

以前、脳腫瘍を患うある少年は、自分が『スターウォーズ』の戦闘機に乗ってガン細胞を攻撃するイマジネーションを描き続けました。そして、ついに病を消滅させたのです。この事例は、世界的に有名になりましたね(パトリシアA・ノリス、ギャレット・ポーター著『自己治癒力の医学 実録・イメージ療法の勝利』光文社)。

あれは『スターウォーズ』だからこそ、可能だったのですよ。『スターウォーズ』は、無意識領域にある『貴種流離譚《きしゅりゅうりたん》』の神話だからね。ヘラクレスやエディプス、アーサー伝説などのように、若者が見知らぬ土地をさまよいながら成長していく物語の一つなのですよ。

このように、理論や理屈ではない、**プリミティブなイマジネーションやファンタジーこそが無意識領域を動かします。**だから冗談抜きで、『アマビエさま』は現実世界に影響すると、私は考えているのですよ。

「古来より日本人は、妖怪などの超自然的な存在を、生活の中に認識してきたのだよ。どんなに近代的な価値観が普及しようとも、**妖怪はわれわれの無意識領域に存在し続けているのだ！**」

「でも、妖怪って、おいら見たことないしなあ」

「妖怪はいるのだよ。私は、過去に3回見たことがある！」

「え〜っ！」

「われわれ日本人の脳は、独自の『純粋母音言語』の影響により、論理的に考えながらも、自然的なものを受け入れることができる。目に見えるものと見えないものが調和した構造となっているのだよ」

「そうなんですかい!?」

「この構造は、妖怪のような超自然的な存在を受け入れる柔軟さを持つ、日本人の『和』の精神を作り出している。そして、この柔軟さが日本人特有の感受性の豊かさにつながっているのだ」

「なるほど！」

「よく観察すると、**日本人の生活はオカルトやスピリチュアルに満ちている。**キリストも仏陀も宇宙人も妖怪も幽霊も神々も、全て受け入れている！　その点では、日本人はしなやかで、世界的には希《まれ》な存在なのだな！」

「高橋留美子先生の世界ですぜっ！」

「ちなみに、西洋でいえば、サンタクロースは妖怪なのだよ」

「サンタクロースも妖怪ですかい！」

「サンタクロースが物理的に存在するかしないかということは関係ないのだ。西洋世界では、クリスマスの夜にサンタクロースのような存在を受け入れる柔軟さが生じることで、人々は幸せな気分になるのだよ。それは、もはや単なるファンタジーではないのだ」

心理学者の河合隼雄さんもおっしゃっていることですが、**人間は物語がないと生きられない**のです。物語がなければ、ただ単に生まれて生きて死ぬだけのものに過ぎなくなってしまいます。

**ファンタジーやスピリチュアルな世界は、人間が生きるために必要な物語なのです。**

それらの世界では、生きることと死ぬことは同じ価値を持っています。**生きるということは、個人の意識だけで完結してしまうものではありません。**死ぬこともひっくるめて、世界全ての存在と紡ぎ合っていく物語なのですよ。

## オリジナルタルパを創っちゃお

ある日、私は文筆家の服部みれいさんに招かれて、岐阜で仕事をしました。

みれいさんと旦那さんの福太郎さんが、出迎えてくれましたね。

「こんにちわ～ケルマです～！」

「いらっしゃい～ケルマさ～ん！」

「よく来てくれました！　ケルマさん！」

「ひゃっひゃっひゃっひゃっ！」

「うふふふふふふふふ！」

「ふぁっふぁっふぁっふぁっふぁっ！」

謎の生命体三人の笑い声が、はるかシリウスの彼方までこだましましたね。

ワークショップは、みれいさんのお店で行われました。築90年の建物がスゴくオシャレに改築されていて、なんとも深い味わいがありますね。

みれいさんが言いました。

「ここは、もとは自転車屋さんだったんですよ」

「ほほぉ！　じゃあ、この店は自転車操業！」

「そ〜なのよ〜。もう毎日、自転車操業〜て、違うからねっ！　自転車操業じゃないからねっ！　この話は、なかったことにっ！」

いきなり時空を変える、みれいさんです。

「ケルマさんが本にタルパのことを書かれていたじゃないですか？　あれを読んで、私、思い出したんですよ！　私も昔、タルパに仕事を手伝ってもらっていたの！」

「ほほう！　なんと！」

以前出版した『超常戦士ケルマデック』（M.A.P. 出版）に、私はタルパを活用する方法を書いたのです。イマジネーションによってタルパを作り出し、コントロールすることで、タルパは現実世界に影響を与えます。

みれいさんが、自分自身の体験を語りました。
「編集部に勤めているときにね。セーラームーンみたいなタルパのチームを作ったの。彼女たちは普段、お菓子を食べてゴロゴロしているんだけど（笑）。でも、私が『お願いね！』って呼び掛けたら、作家さんのとこに行って、早く原稿を仕上げるように、うちわであおいで応援してくれるのね。けれど、中にはなかなか書いてくれない作家さんがいて……」
みれいさんはタルパに命じて、その作家さんの首にドロップキックをぶちかましてもらったそうです。

「そしたら、その作家さん、首が変なことになっちゃったのね」

超常編集者、みれいさんです。

私の知り合いには、病気の人のヒーリングをする人もいるのですよ。その方々は家族や友人が病気のとき、タルパを派遣して手助けしています。

**陰陽師が使役する式神と同じ**ですな。

ある女性が子どもさんのトラブルに巻き込まれ、大変な状態になってしまいました。彼女の友人はタルパを使役するテクニックを知っていたので、内緒で自分のタルパに彼女を助けるように頼みました。

しばらくして、問題は見事に解決しました。女性が言うには、

**ある日、夢の中に青い大男が現れて「もう大丈夫ですよ！」と言ったそうです。**

実は、このタルパは『アラジン』に出てくるジーニーそっくりのキャラクターだっ

たのです。

著作権は大丈夫なのかなと、考えるケルマさんです。

## おでこに集中！

みれいさんたちと、ラジオ番組の収録をしていたとき。

会話が白熱すると、ときどき、みれいさんのおでこがペカ〜ッと光るのです。

私の友人で作家の青いターミネーターも、あれこれと考えているとき、背後の空間がムンムンと渦巻いています。

これらはマンガなどでよくある描写ですが、現実世界でも本当にあるのですよ。マンガを侮ってはならない！　**マンガは目に見えない世界を表現する強力なメディウム（媒体）なのだよっ！**

みれいさんが言いましたね。

「ときどきね、意識を集中していたら、額のとこがムズムズと痒くなったりするんだけど、これ、なんなのかしら？」

「『蟻のくすぐり』という生理現象かもですな。有名な現象で、ヨガの教典にも載っています。**瞑想などで額にあるチャクラ（体の中にある、エネルギーの通り道）が活性化すると、ムズ痒さが発生する**のですよ」

「ええっ！」

「額の辺りには、時空を超える『第三の目』があると言われているのです。『第三の目』の本体は、脳の奥にあります。『松果体』というやつですな。瞑想や呼吸法で活性化させてやると、『蟻のくすぐり』が発生するのですよ」

『松果体』は子どものときは活発に動いて、ＤＭＴという伝達物質を出しています。研究者によると、ＤＭＴには、人やものに働きかけて、時空を超えさせる作用があるそうです。

　しかし、大人になるにつれて『松果体』は石灰化して機能しなくなり、カチコチの石頭になってしまうのですよ。つまり、ＡＬＩＥＮ機能が働きだすわけです。ちなみに、いわゆる超能力者や霊能力者の脳内では、ＤＭＴ分泌が起こっているというデータがあるようです。

私はみれいさんに、こう語りました。

「今、アメリカとイランが激しい緊張状態にありますね。もし、この緊張が大爆発したら、世界大戦にもなりかねません」

「ケルマさん……世界を変えるときですね」

「そのためには、まず、ネガティブな時空をしっかりと認識して消化する必要があるのです。そこで有効なのが、アニメやマンガなのですよっ！　今、鬼をモチーフにしたアニメが大ヒットしています。鬼が暴走した状態が、病気や戦争として現実世界に現れてくるのですよ」

「なるほど！　別の時空を選びましょう！」


**みれいさんのおでこが、ペカーッと光りました。**

もはや、シャイニング・ハットリです。

後から、シャイニング・ハットリが語ってくれたのですがね。

「ケルマさんが話していると、同時にいろいろなことを思い出したり、ビジョンが見えたりして、話に集中できないことがありました。仕事上、インタビューすることが多いので、話を聞くのは慣れていると思っていたのですが……。不思議な感覚でしたね。『松果体』（ライチみたいなぷにょぷにょの白い塊？）から、パーリーな虹の光がどっぱーんと出ているビジョンが出てきたんです」

**多次元世界を認識し世界を選ぶ作業をするのは、この『第三の目』と言われるチャクラなのですよ。**このような認識を持つ人間が、各地に現れつつあります。

なぜなら、今、世界は変革の真っ只中に突入しているからだ！

2020年、世界に大きなゆらぎを与えたコロナウイルス。コロナとはラテン語で『王冠』という意味で、英語のクラウンの語源なのです。精神世界では、人間にあるという七つのチャクラの頂点に『クラウン・チャクラ』というのがあってね。宇宙とつながる力を持っています。そして、コロナウイルスもクラウンチャクラも似たような形をしているのですな。

進化は世界に大きなゆらぎを発生させます。すると、一時的に、世界は大きなダメージを受けます。しかし、その後は、**確実にワクワクするような新しい世界へ向かっていく**と、私は思っているのです。

# まずは怒る⁉「鬼」から学ぶ世界の変え方

## 大人気マンガの共通点

大ヒットするマンガやアニメ、本、音楽、映画などは、多次元世界を表現したものだと、私は考えているのですよ。そして、さまざまな創作物はわれわれの世界に干渉し、影響を与えます。

現在、異常なくらい大ヒットしているマンガは吾峠呼世晴著『鬼滅の刃』（集英社）ですな。書店に行くと、どこも見事に売り切れています。

なぜ、こんなに大ヒットするのか？　それは**物語の中に真実があるから**だと、私は考えています。

『進撃の巨人』『東京喰種』『約束のネバーランド』など、**この数年大ヒットしているマンガに共通して出てくるモチーフは『鬼』なのです。**

『鬼』とはなにか？　人間の怒りや憎しみ、妬み、疑い、執着などは、バランスよくほどほどに持っていると、生きる活力や喜びになるのだけどね。それだけに捉われて暴走すると、人間ではなくなってしまいます。

つまり、『鬼』になるのです。

ちなみに、史上初の鬼はイザナミさんなのですよ。

## 怒って良いんです

ある女性が、子どもを亡くしました。

つらさや悲しみがあまりにも深いと、心を守るために感情のシャッターが降りてしまうのですよ。無感情で無気力になり、現実味のない、ぼんやりした生活がしばらく続きます。

それから、悲しみがジワジワと湧き上がってくるのだよ。次に、怒りが湧いてきます。「なぜ、こんな目に遭わないといけないのか」と。さらには、周囲の幸せそうな人間に対する嫉妬心が湧いてくるのですよ。

彼女は霊能力者や宗教家に「なぜ、私の子どもが死なないといけないのか？」と聞きました。しかし、いずれの答えも、納得いかないものだったのです。

彼女は私に聞きました。

「私の子どもが亡くなったことには、どんな意味があったのでしょうか？」

私は言いましたね。

「そんなこと、今はわからなくても良いんです。わからないのが当たり前なのです。

**今、あなたが感じる必要があるのは、悲しいってことと、怒りです。**

なぜ死んだかなんて、考えるときではないよ。泣きなさい！　怒りなさい！　恨みなさい」

彼女は泣き出しましたね。そして怒り、周りの人間を呪いはじめました。

これで良いのですよ。

**人の中には『鬼』がいる**のです。そして、**悲しみや怒りをさんざん出し尽くした後、そこには不思議な静けさと安らぎが満ちてくる**ということを、体験として私は知っています。

## 豆まきってなんのため？

ある日、私は『メニーハッピーセラピー』を行いました。

「みなさん、節分で豆まきして、『鬼』を追い払いますよね。『鬼は外〜！ 福は内〜！』って。あれは追儺《ついな》の儀式といって、平安時代には病気を持った人や罪人などに、石を投げつけて都の外に追い出す儀式でもあったのです。でも、追い出された『鬼』は、そのまま逃げていくと思いますか？」

「まさか……」

ワークの参加者たちの顔がこわばりましたね。

「実は、帰ってきます。『鬼』は恨みや怒りを抱えて帰ってくる！『きっと来る』のですよ。そこで、登場するのが『お多福』です。**職人さんによると、『お多福』と『鬼』は対になっていると言います。**どちらもないといけないのですよ。恨みを持って帰ってきた『鬼』を『お多福』が優しく受け入れ、癒してあげるのです」

「なるほど。『お多福』が登場し、『鬼』を癒すことで、やっと調和するんですね」

「みなさんには、このドラマを実演していただきます。これは、神遊びです。**神のドラマを演じると、この世界に影響を与えます。今、**

**この世界にはさまざまな鬼が現れつつあるのですよ。**戦争だったり、病気だったり。アニメ『鬼滅の刃』が大ヒットしているのは、鬼を癒して滅する物語が必要だからだと、私は考えています」

「ケルマさん、なぜ、今なんですかね？」

「今、世界は大きな変革のときに来ているからでしょう。始まりは20数年前、オーブが異常に写真に写るようになってきました。これは、目に見えない領域が顕在化しはじめたからなのですよ。精神疾患の増大やＡＩ問題、異常気象、経済問題、原発、戦争、南海トラフ、新型ウイルスなど……。スゴいスピードで、さまざまな事象が起こっているのは、**全て新しい世界に向かうための浄化なのかもしれません**」

われわれの世界に、『鬼』が現れてきているのですよ。だから、『鬼』を癒すのです。

## 見せつけよう！　俳優魂

私は今回内密に、能力者の女性にこのセラピーのモニターをお願いしました。状況を観察してもらうのです。

鬼になる前段階として、『千と千尋の神隠し』に登場するカオナシを用いることにしましたね。**カオナシは、自分自身が誰だかわからない現代人の象徴なのですよ。**

私はこう宣言しました。

「これは、神遊びのドラマです。**一人ひとりが役を体現することで、世界とつながります。**全員が世界の代表です。**自分の役が、世界に反映するのですよ！**」

本来『遊』とは、神が船に乗って戦いに向かう姿を表現しています。遊びとは、神々のドラマなのですよ。

ケルマ劇団『お多福と鬼』

キャスト
語り部　ケルマデック
カオナシ
鬼
お多福

若衆
民衆

――ド～ン！　ド～ン！　ド～ン！（ドラムの音）――

ドラムの音と共に、カオナシが登場し徘徊する。

ケルマデック「さぁ！　若衆！　役立たずの、あの者を追い出せ！」（ドラムを打ち鳴らしながら）

若衆「ぉおー！」

若衆「さぁー！　出て行け！」

民衆「さぁー！　出て行け！」

若衆が叫びながら、木の棒でカオナシを打ち叩き、追い払う。民衆も叫びながら石を投げつける。

――ド～ン！　ド～ン！　ド～ン！（ドラムの音）――

カオナシ「やめて～やめて～」

か細い声を出しながら、ヨタヨタと歩き、カオナシが退場。

――ド～ン！　ド～ン！　ド～ン！（ドラムの音）――

ケルマデック「やがて、あいつは帰ってくる！　追い払われた悲しみは消えることがない！　傷ついた痛みは癒えることがない！　怒りと憎しみとなって、帰ってくる！　鬼となって帰ってくる！」

――ド！　ド！　ド！　ド！　ド！　ドン!!　（急激にテンポが速く、大きくなるドラムの音）――

ケルマデック「さぁー鬼が帰ってきた！」

――ド！　ド！　ド！　ド！　ド！　ドン!!　ド！　ド！　ド！　ド！　ド！　ドン!!（激しいドラムの音）――

拍子木《ひょうしぎ》が打ち鳴らされ、鬼が登場。暴れ狂う鬼。怯える民衆。

鬼「うぉ～！　みんな私をバカにしやがってぇええええ!!」

――ド！　ド！　ド！　ド！　ド！　ドン!!　ド！　ド！　ド！　ド！　ド！　ドン!!　（激しいドラムの音）――

モニターの能力者の女性が、Bluetooth のイヤフォンで連絡してきました。

「ケルマさん、今、鬼が現れてます！」

形を演じれば、宿るのですよ。

――ド！　ド！　ド！　ド！　ド！　ド！　ドン!!　ド！　ド！　ド！　ド！　ド！　ド！　ドン!!（激しいドラムの音）――

鬼に立ち向かうが、全く歯が立たず若衆たちが倒される。

ケルマデック「鬼の怒りは凄まじい！　鬼の悲しみは闇のようだ！　誰か！　鬼を止めることができるものは、誰かいないのか？」

拍子木が打ち鳴らされ、お多福が登場。

――カーン！（拍子木の音）――

お多福「おお、かわいそうに。かわいそうに」
――カーン！（拍子木の音）――
お多福「もう、大丈夫よ」
――カーン！（拍子木の音）――
お多福「つらかったでしょう。ごめんなさい。もう、大丈夫ですよ」
お多福が、鬼を抱きしめる。
――カーン！（拍子木の音）――
暴れていた鬼が、しだいにおとなしくなっていく。
ドラムの音が、メロディアスな音に変わる。
――ト〜ン トントントント〜ン……（静かなドラムの音）――
お多福が鬼を抱きしめ、心をなだらかにしていく。

---

能力者の女性が、再びBluetoothで連絡してきました。

「鬼が浄化されています。周りの人からも、
鬼が浄化されています!」

鬼が立ちあがる。
鬼「我が心、晴れたり!」
ゆっくりと、鬼が舞います。
鬼「我が心、晴れたり!」
舞を舞いながら、鬼が退場。

《幕》

神遊びが終わってから、私はこう言いました。

「古い世界は、もはや滅びつつあるのだ。権威や国や宗教やお金に、囚われる必要はもうないのだ。われわれは、新しい世界に向かうのだよ！」

そして、超常戦士たちは、次のミッションに向かったのです。

異次元ポイント

**異次元の存在たちは、われわれに癒しを与えてくれるのですよ**

# 第5章

# 異次元対談
# ケルマとみれいの
# 人生相談ッ！

ケルマデック×服部みれい

ある日、長野でワークショップをしたのですよ。そこへ、文筆家で詩人の服部みれいさんが遊びに来てくださってね。最近は、みれいさんが声のメルマガとして配信するラジオ『服部みれいのすきにいわせてッ』に出演させてもらうこともあります。

みれいさんは、エムエム・ブックスという出版社を経営されていてね。発刊している雑誌『murmur magazine』の「マーマー」は、英語で風や木々のざわめき、川のせせらぎ、ささやき声、という意味なのだとか。テーマは、うつくしく甘く生きること。自然や自分の体や心の声に耳を澄まし、大切にしようとお考えなのですよ。

書籍や雑誌の発刊だけでなく、ウェブショップ『マーマーなブックスアンドソックス』やリアルショップ『エムエム・ブックスみの』の運営、スクール事業やイベントも開催されています。

非常にエネルギッシュですなっ！

今回は岐阜県美濃市にある事務所にお邪魔しました。普段みなさんから多く寄せられる、不思議な出来事にまつわる疑問や人生のお悩みに、パワフルなみれいさんと一緒にお答えしていきたいと思います。

さあ、みなさん！　異次元対談が始まりますよ！

# 服部みれい

文筆家、詩人。

2008年に『murmur magazine』を創刊。新しい時代を生きるためのホリスティックな知恵を厳選して発信。『murmur magazine（マーマーマガジン）』、詩とインタビューの本『まぁまぁマガジン』『murmur magazine for men（マーマーマガジンフォーメン）』編集長。冷えとりグッズを扱う「マーマーなブックス アンド ソックス」（murmur-books-socks.com/）を運営。著書に『あたらしい自分になる本 増補版 SELF CLEANING BOOK』『自由な自分になる本 増補版 SELF CLEANING BOOK 2』（筑摩書房）、『あたらしい食のABC』（WAVE出版）、『恋愛呼吸』（加藤俊朗との共著、中央公論新社）、『わたしらしく働く！』（マガジンハウス）、『うつくしい自分になる本 SELF CLEANING BOOK 3』、『増補版 わたしの中の自然に目覚めて生きるのです』（筑摩書房）など多数。最新刊に『わたしと霊性』（平凡社）がある。さらに『みの日記』が扶桑社より2020年7月発売再販予定。

2020年よりYouTubeマーマーチャンネルもスタート！

- **エムエム・ブックス みの**
  電話　0575-46-8168（2020年6月現在予約制）
  メール　tanomoshi@murmur-books-socks.com
- **まあまあマガジン**　http://murmurmagazine.com/
- **Instagram**　@millethattori
- **声のメルマガ　服部みれいのすきにいわせてッ**
  https://note.com/murmur_magazine/

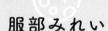

## ☆Q1「目に見えない存在」ってなんとなく怖いです……

ケルマ　とにかく、人は目に見えないものを怖がる傾向があります。未知のことは怖いと感じるものです。

みれい　なぜ見えないモノを怖いと感じるのでしょうか。

ケルマ　どう認識したら良いかわからないからでしょうね。ただ、未知のものには、怖いけれど憧れもあるよね。その憧れがさまざまな発見につながってきたわけです。つまり、バランスが大事なんですよ。例えば……ある介護施設があって、昔墓場だったんですよ。そこのお年寄りたちね、スゴく静かなの。看護師さんも、お年寄りはそういうものだと思っていたんだって。ところがある日、看護師さんは別の施設に移動になって。その施設は温泉が出るところだったの。お墓は陰気の念を持っているけど、温泉って陽のエネルギーなんですよ。

みれい　へぇー！　じゃあ、その施設は温泉水のように温かくて明るい雰囲気だったりして？

ケルマ　そう。その施設ではみんなテンションが高い。特に恋愛が花盛り！　おじいちゃんが車椅子をガーガー走らせて、大好きなおばあちゃんのところに会いに行くわけ。看護師さんが体温を測りに部屋のドアを開けたら、おじいちゃんとおばあちゃんがひしっと抱き合っていたり、施設内の浴室で職員同士が熱い抱擁をしていたり（笑）。人が場のエネルギーの影響を受けているんですね。

みれい　あはは！　面白い!!　場の力ってスゴいんですね！　逆に、人が場に影響を与えることもできるんですか？

ケルマ　できますね。もし、死んだ人から急に「会いたい……」ってメールが来ると怖いって思うけど、顔文字がついていたら問題ないでしょ。とにかく、笑うことですね。何事もバランスが大切なのですよ。

## ☆Q２　最近、暗いニュースばかりで未来が心配です……

ケルマ　実は人類はもう宇宙に出ないといけない。社会のシステム的にも環境的にも、地球が限界なんです。ついに、人類最終時計があと１００秒になりましたね。先日、友人がオーストラリアに行ったとき、現地の気温がなんと49度！

みれい　バッタの大発生とか、山火事も多いですよね。

ケルマ　いろんな問題が表面化してくると、人間は戦争をやり出します。

みれい　そんな……なんとかならないんですか？

ケルマ　ただね、これは言い換えたら『大チャンス』なんです。今の社会は、幕末の日本と同じだから。幕末のときも地震が起こり、経済格差が激しくなり、世界中がコレラでダメージを受けた。『ホロン』という考え方によると、日本で起こったことは世界でも起こるとされています。これから地球規模で、日本の幕末のような大きな変化が起こるだろうということなのです。ちなみに、当時の日本ではコレラのことをコロリと呼んでいました。

みれい　コロリ……！　コロナと似ていますね！

ケルマ　同じなのです。日本に黒船が来たとき、戦うか開国するか大ゲンカになりました。これが今世界でも起こっている。現代で、黒船に相当するのはなんだと思いますか？

みれい　日本にとっての黒船を世界にあてはめるとすると……まさか……UFO!?

ケルマ　そう。ＵＦＯの存在を受け入れるか否かで、世界がぶつかり合っています。

みれい　でも、あんまり話題になっていませんね。

ケルマ　そう。だけど、実はアポロが月に行ったとき、すでに宇宙人と接触していたという説があります。本来なら、そこで「宇宙人と公式なコンタクト！　ついに新しい時代がスタート！」となるはずが……「はい、カットー！」となったわけですね。

みれい　えー！　どうしてですか？

ケルマ　権威を持つ人たちが「人々はまだ新しい世界を受け入れる準備ができてない」と判断したのでしょう。特に、アメリカとかヨーロッパの人は、神が世界を創ったという宗教観があるから「宇宙人はもう、うちにきています☆」なんて言ったら、アイデンティティが揺らいでしまう。日本人は「あ、そう」って受け入れちゃうところがありますけどね（笑）。

みれい　(笑)。でも、宇宙人って渋谷のスクランブル交差点とかにいますよね！　この間行った旅館にもいましたよ！　仲居さんの格好していましたけど(笑)。

ケルマ　うんうん。結構、宇宙人は身近にいますね。彼らは普段人間の姿をしていますが、ときどきぼろを出す。コミュニケーションの仕方でばれちゃうんです。ときどき教えていないことをしゃべったりするの。急に「今度誕生日だよね」とか言い出して、相手が「え、あなたに話してないけど、なんで知っているの？」となる。しっぽが出ているとかではないですからね(笑)。

みれい　宇宙人、おちゃめ(笑)。悪いことばかりじゃないということですね。新しい世界がすぐそこに来ていると思うと、なんだかワクワクします！

## ☆Q3「視える」ようになりたいのですが……

みれい　実は、私、ケルマさんの大ファンなんです。パートナーのふくちゃんがケルマさんの本を買ってきたことがきっかけなのですが、読みはじめたら面白すぎて二人で奪い合いになりました（笑）。その後ラジオ『声のメルマガ』で紹介したら、リスナーさんにも大人気になって！　雑誌『マーマーマガジン』の関係者の間でも空前のケルマデックさんブームが起こっているんです。

ケルマ　ありがとうございます（笑）！

みれい　しかも、わりと早い段階で、読者さんからケルマさんのセッションの情報をもらって、とうとうお会いすることができたんですよね。その後、私たちの住む岐阜・美濃にもセッションに来てくださって。そうやってお会いするうちに……ほら、ケルマさんのミクシィや本に、いろんな面白い名前の人が出てきますよね。「いつか私も名前が欲しいな」って思っていたら、『シャイニング・ハットリ』ってつけていただいて、もう、めちゃめちゃうれしかったです。

ケルマ　喜んでいただけて良かったです（笑）！　ホラー映画『シャイニング』の中

に出てくる、シャイニングという能力がもとなんですよ。

みれい　どんな能力なんですか。

ケルマ　シャイニングは霊的な能力です。未知の世界のものとコンタクトしたりコミュニケーションしたりする力です。実は、本来人間が持っているものなんですよ。

みれい　うれしい！　ふくちゃんから「あのホラー映画が由来なら、名前を変えてもらった方が良いんじゃない」って言われていたんです（笑）。

ケルマ　確かに、映画はめちゃ怖いけどね（笑）。本来は「輝く」という意味です。人間の意思は変化すると輝きが出てきます。『後光がさす』とか『ハロー効果』ともいいますね。

みれい　わぁ、そうなんですね！　でも自分ではよくわからないんですよねぇ……。

目に見えないものを見てみたいという欲求は高いんですが（笑）。以前オーラを見たくて、練習したこともあったんです。友人に暗いところに立ってもらって、肩の線がボヤーッとしてくるのをひたすら見るというもので。かなり何度もやったんですけど、全然見えなかったんです（笑）。

ケルマ　やり方より、場所が大事なんですよ。目に見えなくても、エネルギーは常に出ていますから。土地のエネルギーと共鳴すると色がついて、見えるようになるんです。ハワイの島の洞窟にはエネルギーが見える有名な場所があって、服を脱ぐと、体からゆげが出ているように見えるそうです。個人差はありますが、普段そういうものが見えなくても、エネルギーの強いところでは見えちゃうことがある。

みれい　へぇー！　そうなんですね。あ、そういえば、私も自分のお店の前で撮った写真に、紫色のものがブワーッと出る時期がありました。それに、ケルマさんの『超常戦士ケルマデック』を読んでから不思議な体験をするようになって。人が消えるんですよ！　先日も事務所でテーブルを囲んで、みんなでお昼ごはんを食べていたとき、ある女性がテーブルの横を通ってキッチンの奥へおかわりに行ったんです。そしたら、その姿を見た人と、全く見なかった人が半数ずついて。全員が同じ話で盛り上っていたから、彼女が行って戻って来たらわかるはずなのに。でも、向かいに座っていた私ともう一人は全く感知していなかった。私の後ろを通ったにも関わらず、ですよ。

ケルマ　普段はみんな社会の常識とか決まりに合わせているけどね、認識が広がるようなことがあると、途端になにかが動き始めるんですよ。

## ☆Q4　なぜ不思議なことが起こるのでしょうか……

みれい　他にも不思議なことがあって、淡路島に行ったとき、目の前を信じられないくらい古い、見たこともないようなバスが通ったりしました。

ケルマ　たぶんそれは目に見えない存在たちのイタズラ。別次元のなにかが、コミットメントしてくるのです。でも、不思議なことが起こると、多くの人は脳の中で記憶を変えてしまう。以前、私は横尾忠則さんが亡くなったというニュースや追悼個展の広告を見たけど、実際は死んでなかった。岡山でこの話をしたら、あるおばちゃんも「私、その個展に行きました。わざわざ会社を休んだから、間違いありません」と言っていましたね。

みれい　なぜ、そういう時空のズレみたいなものを体感するのでしょう？

ケルマ　新しい世界を選択するときが来ているのでしょうね。昔、世界は平坦、つまり二次元だと思われていました。しかし、最近では、物理学や数学によると、世界は11次元以上でできていることが判明した。世界はたくさんあり、相互干渉し合っていることがわかったのです。ある未来がイヤなら、別の世界を選ぶことができるわけ。

みれい　新しい世界を選ぶための準備体操みたいな感じですね。ＵＦＯとか不思議なもの、普段は目に見えないものと遭遇するのもその一つなのでしょうか。

ケルマ　そうかもしれませんね。今、新しい世界が必要なのですよ。生物学では『ヘイフリック限界』といって、細胞は古くなると自身をコピーして新しいものを作ります。けれど、コピーの回数には制限があります。地球も同じなのです。ある経済学者は、世界中の人がアメリカ人と同じ生活をしたら、地球が5個あっても物資が足りないと言います。われわれは、常に満杯のエレベーターに乗っているような状態なのです。新しいものを入れるなら、古いものは出ていかなきゃならない。だから、寿命がある。でも、もし地球人が宇宙に出たら……『ヘイフリック限界』を突破しますよ。

みれい　新しい世界を選択したら、もっと長生きできるようになると？

ケルマ　そうでしょうね。以前、自称宇宙人のお姉ちゃんが「そろそろ私も年だし、結婚して子どもを持とうかな」と言うので「おいくつですか」と聞いたら「まあ、宇宙人にも年を聞くのは失礼なのよ……800歳です♡」と（笑）。江戸時代なんて50歳まで生きたら天寿を全うしたと言われていたのにね。新しい世界を選択したらただ長生きするだけでなく、もっと人生の体験の幅が広がると思います。現代の「大人になったら結婚して子育てして子どもが大学に行って疲れて死ぬ」という生き方だけでなく……ね。

## ☆Q5 異次元への入り口って本当にあるんでしょうか……

みれい　私は東京から美濃に戻ってきて、ちょうど5年経ちました。美濃と東京って、いろいろなことが違うので、とても同じ日本と思えないんです。時空が違うんじゃないかってくらい。例えば、車で行き来するとき、いつもトンネル辺りで必ず激しく寝落ちをするんですよ。移動中に、なにかを調整しているのかなって。

ケルマ　それはありえますね。トンネルは、あの世とこの世の境なんです。トンネルを通るだけで、時空が変わっちゃうのかもしれません。

みれい　ですよね！　美濃にいると、東京がめちゃめちゃ遠く感じるんです。日帰りでも行ける場所なのに。美濃の人たちは、東京の人よりも、普通に不思議なものを受け入れてしまう、そんな土壌がある気がします。「ギャー」って怖がったり批判したりしなくて、むしろ好き。自然に受け入れているというか。私が「こういう話をすると良くないかも」とか言っても、普通に「いや、わかるよ」って言ってくれる。湿度が高いことも関係しているのか……。

ケルマ　不思議なことが、社会的に認知されているんですね。

みれい　そうなんです。お祭りの日なんてスゴいですよ！　朝の6時半から日本酒を飲みまくるんですよ。おみこしのかつぎ手たちはベロベロになって、ものすごく重いおみこしを何時間も担ぐんです。ぶっ飛んでいますよね（笑）。夜になると『千と千尋の神隠し』みたいに、赤い提灯がパーッと町中についていて……。子どもたちも、スゴく変わった形の魚の被りものをかぶって歩くから、すごくかわいい妖怪祭りみたいな感じなんです。

ケルマ　これは、間違いなく、サードマンが入り込んでいますね。サードマンは、われわれのピンチを助けてくれる存在なのですよ。

みれい　やっぱり！　それに、不思議だけど、お祭りの日、どうやら亡くなる人がいるらしいんです。おみこしのケガだけが原因じゃなくて、その日の夜に突然亡くなったり……。

ケルマ　これが本当のお祭りですね。向こうの世界とこちらの世界の交流が起きています。そこで亡くなるのって、なにか意味があるんですよ。

みれい　そうなんですよね……お祭りでなにか目に見えない生と死のバランスをとっているのかなって。

ケルマ　本来、祭りってそういうものです。エネルギーを調整しているんですね。その日に亡くなった人は、大きなミッションを達成したのでしょう。祭りの場では、突然の死も「なにか意味があったのかな」と、承認できる場なのかもしれませんね。

みれい　確かに、お祭りにはそんな不思議な雰囲気がありますね。

## ☆Q6 最近、体調が悪いんです……

ケルマ　僕は初めて東京に行ったとき「なんて時間に追われているんだろう」と思いましたね。常に能率と効率を追いかけて。大きなエネルギーがスゴく激しく動いている。けれど、人によっては参っちゃうでしょうね。時間や空間がきっちり決まっていると『ゆらぎ』が発生しにくいですから。変化が起きにくくなって、毎日同じことの繰り返しにはまってしまうんですよ。そこで、強制的な『ゆらぎ』が起こる。その一つが病気。病気になって、やっと変化しようとなるわけ。

みれい　美濃の人が東京に行くと、具合が悪くなる話をよく聞きます。それに、私もそうだったなって。いつもスピード重視で、合理的、現実的に考えて行動して。でも、美濃ではいろんなことに余裕がある感じがします。やっぱり、不思議な存在が生活に根付いていることが関係しているのかな……。ちなみに、美濃の古い町並みは、金森《かなもり》長近《ながちか》っていう人が造ったそうで、風水に詳しい友人によると「町の造りが完璧」なのだとか。山や川のバランスとか、気がスゴく巡るように作られているよって。

ケルマ　良いですね。

みれい　山のエネルギーがスゴいんですよ！　山自体が神さまみたいで。「生まれた場所にいると、エネルギーが強くなる」っていう話を聞いたことがあるんですが、私の場合は美濃にいると、本当に具合が良い。この土地と親和性があると感じます。

ケルマ　地産地消みたい（笑）。場の力を受けているんですね。

みれい　そんな気がします。今は東京にいるときより断然元気です。だから「オーガニックのもの食べなきゃ」とかもなくなって。東京にいた頃より、食べもの一つとっても大らかになったとは思います。『ゆらぎ』があるから、何を食べても平気かなって。東京では、時間も空間もぎっちり詰まっているから、エネルギーの高い食べ物で

『ゆらぎ』を取り入れていたのかも。

ケルマ　それはあるかもしれませんね。

みれい　いずれにしても、なんでも気持ちは大事だと思うんです。食べるときの気持ちで、物質って変わると思います。アーユルヴェーダでも、「怒っているときには食べないように」なんて言われているようです。

ケルマ　そう、想いが入ることが大事。ただのモノじゃなくなるからね。日常の作業も、想いを込めて行うと、毎日がちょっと変わって、元気が出てくると思いますよ。

## ☆ Q7 なんか生きづらいなあって思うんです……

ケルマ　東京は常に最先端で、みんなの考えや言葉を形にしていこうっていう指向がとても強い。「こうあるべきだよ!」って。でも、田舎だと「こうかなあ」みたいな

（笑）。

みれい　そうそう（笑）。自由ですよね。田舎で本当に驚いたのは、買い物とかに行く途中にふと、田んぼのあぜ道にいるおじいさんが目に入るんです。で、その、おじいさん、ただジーっと座ってたばこ吸ったりしているんですね。帰り道なんかに……2～3時間後に同じ場所を見ると、また同じシチュエーションでおじいさんが一人でボーッと座っていたりする（笑）。

ケルマ　それは人間じゃありませんよ（笑）。特に田舎では、こうした非日常はしょっちゅう入り込んでくるのです。

みれい　あはは。非日常が入ってくる余裕は、美濃にもスゴくある感じがします。時間や空間の境がぼんやりしているような。頭がボーッとして、時間が延び縮みしているように感じます。そもそも、美濃って、今も旧暦で動いていたりするんです。例えば、お雛様は4月3日。夜、江戸の風情がそのまま残る「うだつの上がる街並み」を歩いていると、ふとお侍さんとか町人が出てきそうなんです。古いしきたりや古い建造物もかなり残っているせいか、一体いつの時代かよくわからなくなっちゃう（笑）。

ケルマ　人や場所によって、味わう時間の密度は全く違いますからね。小学生のときは1年がとても長いけど、大人になってあれこれやっていると、あっという間に時間が過ぎるでしょ。ピューーンッて（笑）。

みれい　確かにそうですね。私の場合は、2010～2020年の間を振り返ろうとすると、頭がぼんやりしちゃうんです。時間の進み方がそれまでと全く違う気がして。もっと言うと、ふくちゃんとの関係も現実味がないんです。

ケルマ　えっ！　福太郎さんって、CGなの（笑）!?

みれい　わっ、そうなのかも（笑）。いや、妖精とか？　でも、本当にふくちゃんって、人が消えるときにいつもいるんですよ！　一緒にいて移動時間が極端に短くなることもあります。美濃から東京の移動が異様に速いことがあって、どうしてだろうと思ったら、ふくちゃんが「『途中の県は存在しない』と思ってみた」って言うんです。実際いつもの半分くらいの時間しかかからず到着して……。

ケルマ　そういう『触媒』になる人っていますね！　その人がいると時空が変になるような。ひすいさんの唯一の弟子、誠さんの話があるんですがね。ある有名な講演者の方が禁煙の場所で煙草を吸っていたので、ひすいさんが注意したら「僕は意志が強いからタバコをやめないんだよ」って返されてしまった。ところが、それを偶然見ていた誠さんは「あの人、『僕はずっとたばこをやめようとしているのに、まだやめてない。僕は意志が弱い人間なんだ』って言っていたね」って。彼らは見ている世界が違うんです。

みれい　すごくわかります！　ふくちゃんは仕事でも家庭でも、記憶の感覚が自分と全然違うんです。どこで誰を見たとか。あと、記憶がまばらというか……。私はふくちゃんAとBがいると思っています！

ケルマ　藤子不二雄かい（笑）。

みれい　Aのときは Bのときの記憶がないし、Bのときは Aのときの記憶が完全にないんです。二重人格とまではいかないけど、記憶のズレが時空のズレに関係している気がしていて。そのときのことって、うまく思い出せないんですよね。あと、ふくちゃんの顔を思い出そうとしてもいつもうまく思い出せないんです……。うまく言えないんですが……。とにかく、ふくちゃんと一緒にいるとき、確かに不思議なことがよく起こるかも。ようやく今はっきりと認識できました。

ケルマ　不思議なことが起こると、無意識に記憶を修正しようとしますからね。みんなが思っているほど、この世界は安定していないのかもしれません。ウソみたいに病が解決しちゃった人もいれば、そうじゃない人もいる。西洋や東洋の医学とは全く別の方法で、病を治しちゃう人もいるようにね。

みれい　私のおじいちゃんも不思議な力がある人でした。医者が匙を投げた人を治したりしていたと聞いています。まだ私が学生の頃、生活費を数万円入れた封筒をなくしたときもおじいちゃんに電話したら、「３日後に段ボールから出てくる」って言われて、「うーん、うちに段ボールなんてないんだけどな……」って思っていたら、本当に後日無印良品の引き出しから出てきたんです。その無印の引き出しが段ボールの素材でできていたという……。

ケルマ　おじいちゃん、スゴいですね！

みれい　私は、昔からそういう力に触れていたから、不思議なものに違和感がないのかも。しかも、『ゆらぎ』がある場所の方が体も心もラク。のびのびしている感じがしますね。これからは多くの人が、『ゆらぎ』のある場を選ぶ気がしています。

ケルマ　ラクなリズムってあるからね。それを見つけてほしいなって思います。

## ☆Q8 私には特別な力なんてないんです……

ケルマ　1万数千年前、人々は共感能力を持っていて、相手と自分を同じように感じることができたと、僕は考えています。自分と他人の区別もあまりなかったのではないかと。アトランティスのように、文字がなくても高度な文明があったのは、自然と情報が伝わったからでしょう。

みれい　本屋さんで、なんとなく「ケルマさんの本を買おう」と思うのも、そういう力なんじゃないかなと思います。本って、目次をじっくり読んで選ぶっていうより、表紙を見てピンときて買うことが多いと思うんです。だから読む前からなんかワクワクするのって、どこかで中身がわかっているんじゃないかな。「これは自分に合う!」って。

ケルマ　実はそうなんです。サイコメトリーという能力ですね。モノからなにか情報を読み取ります。人間ってそういう能力を無意識のうちに使っているんですよ。

みれい　しかも、新しい世界を選ぶタイミングである今、これから上がっていくんですね。

ケルマ　おそらくね。直感的に理解する能力は、認識したらもっと上がるんです。

みれい　上げたいです！　ちなみに『ゆらぎ』が発生しにくい環境にいる方とか、なかなか不思議な世界を認識できない人はどうしたら良いですか？

ケルマ　組み立てない時間や空間を味わうのが良いかもね。「こうしないと！」でなく、ボーッとして、ふと「かつどん食べたいな……」と自発的に出てくるような。

みれい　ボーッとすることが、直感力につながるんですね。

## ☆Q9 会社にイヤな人がいるんです……

ケルマ　世の中に溢れるさまざまな怒りに、真っ向からアプローチしたのが『鬼滅の刃』。主人公が鬼になった妹を連れて、人々を襲う鬼を退治する物語です。これはイザナギさんとイザナミさんの話でもあると思います。二人は夫婦ですが、もとは兄と妹ですからね。古事記では、二人の間にシャッターが降りちゃった。でも、今そのシャッターが上がって、二つの世界が許し合い、統合するときが来ているのかもしれないということなんです。

みれい　「この作品は主人公が、鬼である妹を連れているっていう設定がスゴい！」と感動しました。その状況って、現実でもよくあるなって。『ハウルの動く城』に出てくる荒れ地の魔女もそうですが、『ちょっと困った人』という存在がチームにいることで、バランスがとれるところがある気がずっとしていて。チームやグループが強く存在するためには、異質といわれる人とも一緒にやっていくとよりパワフルになる、とか。

ケルマ　たくさん闇を抱えている人とかね。

みれい　あと、闇ではないのですが、うちの近くの村に、哲学的なことを叫びながら歩いている男の子がいて、私には彼がその場所を安定させているように見えるんです。村の人たちも文句を言わないし。日本は障がいがある人を隠す傾向がある気がしますが、本当はみんなで一つの世界を創っていると思う。

ケルマ　その通りです。人の一生は80年くらいで終了するわけではありません。個人で完結するわけでもない。一人ひとりは、生物が生まれてから未来に続く過程の一部でも全部でもあるんです。『徳』と同じです。個人の活動は、本人のメリットにも、地球規模の大きな利益にもなる。しかも、一時の利益でなくて、もっと大きな未来にもつながっていく。だから、いろんな人がいて良いんですよ。

## ☆Q10 やりたいことがわかりません……

ケルマ　つらいですけどね。若いときは「やりたくないことをやる」時期があっても良いと思う。やりたくないことをやると、自分の形がわかってくるから。高度経済成長以降の日本人の特徴の一つは、自分の形がわからないことです。

みれい　自分の形がわからないとは、どういうことでしょうか？

ケルマ　例えば、ある男性は大学を卒業したけど、何をしたら良いかわからなくて、とりあえず事務の仕事を始めたんです。でも、目は疲れるし腰は痛いし面白くないし。そのとき「じっとしているのは無理」と、自分の形がやっとわかって、次に営業の仕事を始めた。そしたら今度は、仕事は楽しいけど上司がイヤで。結果、自分で営業所を立ち上げたんです。自分の形を理解するために、不自由さは役に立つよ。

みれい　確かに。ある程度、量をやるとわかることもありますよね。私も学校を卒業してある書店の編集部に入ったとき、初め、かなり苦労しました。本当に子どもだったんです。なにやるのもトロくて。電話一つ受けるにしても、受け答えがトンチンカン過ぎて、先輩たちに大爆笑されたり……（笑）。しょっちゅう帰りの電車で泣いていました。でも、ある日ピカーンってひらめいて。毎日毎日ひたすら頑張っていたら、「ある日、編集って面白い！」って感じた日があって、そこから道がひらけました。

ケルマ　そう、この不自由さがとんでもない大チャンスなんですよ。ある女の子の話なんですがね。彼女は『場面緘黙症《ばめんかんもくしょう》』で学校に行けなくなってしまって。でも、僕が肩を優しく叩きながら話をしていたら、登校できるようになりました。卒業後は美容師の見習いになってね。でも、本当は人と話すことが苦手だからつらくてしょうがない。でも、いろいろ理由があって、辞めることもできない。そこで「ここで働くことにどんな意味があると思う」って聞いてみたんです。そしたら「人に触れたり話したりすることができないから、トレーニングしているのかもしれない」と。それから、ある日、仕事が苦痛でなくなって、仕事を辞められたそうです。

みれい　意味がわかると、ラクになる……。

ケルマ　ところがその後、接客の仕事を始めたら、いじめに遭ってしまって。スタッフに無視される。でも、よく考えたら「私の方がみんなを無視していた」と気づいたそうです。その次のアパレル勤務では、みんなでBBQをしたり海で遊んだり、毎日が楽しくてね。自分の壁をとっぱらうこと、人とコミュニケーションをとること、触れ合うことを体験できた。それから、また新しいことを経験したくなって、ある焼き鳥屋で働くことになったんです。

みれい　わぁ！　素晴らしいですねぇ！

ケルマ　けど、そこのスタッフはなにかおかしい。お客さんが来たら「いらっしゃい」って言うけど、それ以外はジッとしている。そこで、彼女は僕と同じように毎日みんなの肩を叩いて話しかけた。そしたら、実は、みんなも彼女と同じ症状で学校に行けなかったのだそうです。「今、過去の自分を見ています」と、彼女は言いましたね。現在は作家さんになって「今までずっと自分を出せなかった。だから作品で自分を表現している」そうです。

みれい　すごい話！　素晴らしいストーリーですね！

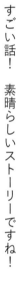

ケルマ　そうね。つらいことは、ゲームと捉えると良いかもしれないですね。

みれい　それ良いかも！　私はフリーランスになったとき、「３年間は頑張る」って目標を作りました。３年続けて形にならなかったら美濃に帰ろうと。でも、がむしゃらにやっていたら、おかげさまでライターや編集以外の仕事をすることはなく３年が経過し、今に至ります。お金がないときもあったけど、やりきったら「この先も続けよう」って思ったんですよね。確かに、ゲームみたいな気持ちだったかも。３年経って「クリアー！」って（笑）。

ケルマ　みんな、ただ「お金がほしい、成功したい、幸せになりたい」とか言うけれどもね。人生はいろんな不自由さも味わえるものなんだよ。最大の味わいの一つが死でもあるわけ。病気もそう。本当に苦しいけど、絶対どこかで『ギフト』に変わるから。

みれい　もしかして、無意識につらいことを選んでいるんでしょうか？

ケルマ　その渦中にいるときは、そういうふうに思えないけれどね。『ギフト』を受けとる前には、さんざん落ち込んで泣いて呪って、鬼が出てこないといけない。「こんなの平気さ」とか、心にふたをして無視しないで。よく味わう必要があるわけですね。

みれい　そうですね……でも、なかなか自分の感情に気づけない人、表に出せない人はどうしたら良いですかね。

ケルマ　結局、別の形で出さざるをえないことが起こります。ある美容師の女性が店長を任されて「責任重大！　みんなを引っ張っていかないと。今日も明るく元気に！」って頑張っていた。その頃、夜中にのどが渇いて台所に行くと、なぜか必ずテーブルの足に自分の足の小指をぶつけて。ある日、ついに骨が折れちゃったんです。僕は、彼女にそのときのことを再現してもらい「いつもなんて言っていますか」と聞いたら「なんで私ばっかり」って。本当はそれが言いたいことだったんでしょうね。

みれい　ああ……。いつかは本心に気づくときがくるんですね。

## ☆Q11 イライラが収まりません……

ケルマ　まずは吐き出そう。家族でも友達でも良い。すると、確実になにか消えるわけ。怒りも悲しみも十分に認めて出し切っちゃったら、その人の本質みたいなものが残るって僕は思います。そのためにも、ちゃんと聞いてくれる人がいるのはとても大事。

みれい　それがうまくいかないと、やっぱり別の場所に鬼が出ちゃうのかな。ネットに書き込んで炎上したり、非難したり。悪いエネルギーになっていき……。

ケルマ　そう！　しかも、そのエネルギーは全員に感染するんですよ。ネットではみんな『カオナシ』なの。自分が正しいか分からないから、誰かを攻撃して「自分は正しい」って感じたい。

みれい　怒りを吐き出すなら、虚数の世界でなくて現実の世界の方が良いと。でも、聞いてくれる人がいない人はどうしたら良いですか。

ケルマ　吐き出す助けになる作業が必要です。例えば『鬼滅の刃』みたいな二次元の世界に触れること。虚数の世界で、怒りとか憎しみとか自分の中に鬼を見るわけ。

みれい　疑似体験するんですね。怒りを表現している鬼の姿を見るのが大事なのかもしれないですね。私も以前、炎上を経験したことがあるんです。見知らぬ人から大きな誤解をされてひどい誹謗中傷も受けて。でも、中には「みれいさんは、みんなの怒りを出したから、よくやったよ」と言う方もいました。怒りを出させる役割というのもあるんですかね。

ケルマ　いろんなマイナスの気持ちを消化して表現してくれる人っています。ただ、本当に腹が立つ人もいるよね（笑）。そんな人には、とりあえず名前をつけましょう。以前、周りの看護師をいじめる、院長の愛人みたいな看護婦長には『タージマハール陽子』と名づけました（笑）。

みれい　あはは！　面白い（笑）。私もコロナ騒動が起きてから、整体の先生に診てもらったとき「背中がガチガチ。感情を出せてないですよ」って言われたんです。「いろんな状況に対してすごく落胆していて、でもそれを表現できない」という気持ちが、結構溜っていたみたいなんですね。だから、先生には「怒ってください」って言われたんです。みんなも今いろんな気持ちが溜っているんじゃないかな。

ケルマ　おそらくね。トランプさんも、人を煽っていますよね。実は、彼はみんながずっと持っていた不満や怒りを出させる「トリックスター」で、あえてアクの強いキャラクターを演じているのかも。これからは、みんなが隠していたものをとにかく引っ張り出して、敵意も悪意も全部まとめて受け入れちゃう人がリーダーになって、世界を変えていくのかもしれませんよ。

## ☆Q12 好きなことを仕事にしたいけど……

ケルマ　「とりあえず、どこかに勤めていれば一生安泰！」という社会ではなくなってきました。自分で自発的に経済を創り出さなきゃいけなくなってきたのです。

みれい　うちの会社も2018～2019年あたりから「言われたことをやる」っていうスピード感ではもうできなくなってきていて。一人ひとりが考えて「こうしたい」ってワクワクな感じでやっていかないと、間に合わない。だから、スタッフの「本当にやりたいこと」を大切にしようと大きくシステムを変えたんです。

ケルマ　良いですね。でも、どんなふうにしたんですか？

みれい　一年かけてスタッフみんなと話し合って、これからは、一人ひとりが自発的にやりたいということをまず自分から発信して、会社と重なり合う部分があれば、そこで一緒に仕事していこうということになったんです。だから、いくつか職業を持つことになった人や別の業界に行っちゃった人もいる。でも、どんな場合でも、一人ひとりが自分の人生に責任を持って経済を創る形を目指すことにしたんです。自発的にやらないと「お金のため」とか、どこかにウソが出てくるから。

ケルマ　そうですね。これから、仕事というものは誰かに言われたからするのではなく、自分がしたいからするという、自発的なエネルギーになっていきますよ。これからの社会は、個にとっても全体にとっても良い影響を与える、『徳』を主体とした経済で成り立っていくのです。

みれい　なるほど！　どんどん好きなことをして良いわけですね！

ケルマ　その通り！　オーストラリアの人で介護の仕事をしている人がいてね。その人は「おじいちゃんやおばあちゃんに気持ちよく向こうの世界に行ってほしい」と真剣に仕事に取り組んでいるんだけど、介護の仕事はスゴく給料が低い。そこで、スタッフはみんな株式投資をしているそうです。でも、ただ儲かっている会社を選ぶのではありません。ちゃんと『徳』のある会社を見極めています。長い目で見て「この会社は世界にスゴく良いものを創り出すぞ」と思ったら、投資するのです。これからは、誰にとっても、労働収入と不労収入のバランスが大切になります。好きなことをするためにも、投資など、不労収入を得るシステムはどんどん活用してください。

## ☆Q13 失恋しました……

ケルマ　そんなときこそ！　音楽の力は素晴らしいよ。特にバイオリンは、人の心を穏やかに変えます。癒すんですよ。

みれい　そうなんですね！　楽器で違いはあるんですか。

ケルマ　弦楽器の音は曲線を描きます。その曲線が人間の体にいろいろ影響を与えるんです。特に、女性ホルモンの分泌に作用します。爆上げするんですよ。更年期や生理不順、「私モテないんじゃないか」みたいな自己嫌悪とかにも、めちゃ役立ちます。

みれい　バイオリンの音を聞くと良いんですか？

ケルマ　聞くのも自分で演奏するのも良い。映画『太陽がいっぱい』では、恋人を亡くした女性がギターをつま弾くと、アラン・ドロンが現れて、だんだん気持ちが前の彼から今の彼に移っていくシーンがありますからね（笑）。

みれい　じゃあ、ギターとかバイオリンを弾く人ってモテるんですか？

ケルマ　『人造人間キカイダー』のジローはギターを弾くんですけど、ひたすらモテるんですよ。兄の方はトランペットなんですけど、モテません（笑）。

みれい　へえ～！　なんでトランペットはダメなんですか。鍵盤とかは？

ケルマ　トランペットは癒しというより好戦的なイメージですからね。鍵盤はどちらかというと機械的だけど、弾き方によります。ピアノって全ての音色が入っているんですよ。全ての楽器の音をピアノで表現できる。弾き方で全然違うんですね。

みれい　じゃあ、ホルモンや自己肯定感の爆上げにもなるし。癒しにもなるし。

ケルマ　ピアノは結構万能ですよ。失恋もとことん味わうと、新しい出会いが待っていると思いますね。

## ☆Q14 大ピンチです……

みれい　病気とか失業とか失恋とか……、実は「良いこと」が起きる前ぶれというか、実際チャンスになることが多いと思うのですが、なかなかつらい状況のまっただ中にいると、とても大転換の大チャンスとは思えなかったりもしますよね。そんなときはどうしたら良いですかね。

ケルマ　あまり細かいことを気にせず、好きなことをやることですね。世界には『シナジー』という、個と全体の調和システムがあります。シナジーが低い状態では、「〜せねば」と自分を押し殺して、全体の期待に応えようとする。だから反動が起きて、それぞれやりたい放題しはじめて、全体に迷惑をかけるわけ。がん細胞と同じですね。細胞が突然変化して、周りの細胞を攻撃する。逆に、シナジーが高い状態では、個が好きなことをすればするほど全体と調和します。都合の良い話に聞こえるかもしれないけど、自然界では普通なんです。人間の体もそう。例えば、一方の腕だけ太いことないですよね。バランスが良い。

みれい　そうですよね。「飛ばねば！」って飛んでいる鳥とかいないですよね（笑）。

ケルマ　物事は必要な人にちゃんと到達するようになっています。栄養と同じです。必要な細胞にだけ届く。栄養は体の中でいろんなところにぶつかって、偶然その栄養を必要とする細胞にたどり着くそうです。

みれい　偶然なんだ……。スゴいですね！　美濃も『高シナジー』と『低シナジー』

が入り乱れているかも……。田舎特有の独特の習慣や人の目もありつつ、みんなで掃除するときには、集まっていてもいなくても意外と大丈夫だったり。連絡なしでいきなり誰かが訪ねて来ても、ちょうど家にいるとか（笑）。

**ケルマ**　まさに『高シナジー』ですね（笑）。『高シナジー』では、「全てオッケー」って流れになります。好きにやっていると、「本当に大丈夫かな」って思うけどね。僕も体験したことがあってね。ある女の子が少年兵の問題について本を書いたけど、どの出版社も受け止めてくれない。それで、僕が編集して出すことにしたんです。「お金がないなら、3万円で良いよ」と言ったものの、大赤字。作業も多くて、僕の本業ができなくなってしまった。今月のお金どうしようかなって思っていたら、なぜか僕の本やCDが凄まじく売れ出して。結局いつもと同じ月収になりました。

**みれい**　私もそっくりな経験があります。ある本を出そうと思ったら、著者のお身内の方が重い病気になってしまって。実はそのお身内の方にまつわる本だったんですよ。そのとき、「絶対その本を完成させよう」という気持ちがより高まったんです。ただ、印刷費がちょうど外車一台分くらいかかる。「どうしよう、そんなにお金ない」となってしまい……。

ケルマ　それは困りましたね……。

みれい　その頃、ちょうどうつのような状態で休業中の知人の男性がいて……まぁ社会に慣れるリハビリみたいな感じでうちの会社に自由に出入りしていたんです。初めはゲームをしたり昼寝したりしていたけど、そのうち「コピー取ってみる？」とか、みんながいろいろ頼むようになって。私もずっとラジオをやりたくて「ちょっと録音してみる？」って聞いたら「僕そういうの得意です」と言うんですよ。機材も揃えて収録して試しに配信したら、スゴいウケたの。それで、ラジオ『声のメルマガ』が始まって。テストで宣伝したら、本の印刷費と同じ額の申し込みがあったんです。

ケルマ　それが『ロッテンマイヤーシステム』なのです！　収支をしっかり合わせてくるわけよ（笑）。

みれい　確かに！　儲けすぎることなく、印刷費ピッタリでした。無事に本も出たし、お身内の方も元気になって、『声のメルマガ』も楽しく続いていて。元気のなかった彼も今ではすっかり人気者になりました。

ケルマ　これが『高シナジー』の最大の特徴です。したいことをしたら全部と調和しちゃう。本質は自発性。「〜したい」が大事なんですよ。

みれい　確かに、そのとき「せねば」で動いた人は一人もいなかったです。本は高額だけどみんなが本気で出したいってなって、一方彼もうちの会社だと気楽に遊びに来たいという気になれた。「奇跡みたいだけど、こういう世界もあるよ」ということを体験させてもらいましたよね。

ケルマ　特にお金に関して、『シナジー』は見事に反映しているんですよね。

みれい　スゴいですよね。でも、どうして宇宙ってこうなっているんですか。

ケルマ　おそらく、個は自分でもあり、一部の細胞でもあり、日本でもあり、地球でもあり、宇宙でもある。過去も未来もつながっている。影響し合っているんですね。

みれい　うーん、すごい。見事ですよね。感動です。

ケルマ　死とか病気とか破産とかにぶつかることで、『シナジー』は高まるんです。ある人が家を手放すことになって。新しい家を借りるために不動産に行ったら、知り合いの社長さんがいたんです。事情を話すと、なんと、社長さんがその家を買って月にわずかなお金で貸してあげると。実は、社長さんも昔破産してどん底に落ちたとき、ある人から助けてもらった。だから、成功して立ち直って、余裕ができたら人を助けようと思ったそうです。全部つながっているんだね。

みれい　どうして、全部なくしたとき、なくしそうになるときに、『高シナジー』が起こるんでしょうか？

ケルマ　無意識がスゴく活性化して、自分に必要な情報を引き出そうとするんです。だから、必要な対象物と出会うようになる。宇宙では安定を維持しようとする力『ホメオスタシス』と、変化させようとする力『トランジット』が常にせめぎあっています。『ホメオスタシス』が崩壊するとき、新しいシステムに変わる流れが起こるわけ。例えば、ある日突然ガソリンが使えなくなったら急に電気が使えるようになった、みたいな。これが『ゆらぎ』の力なんですよ。

みれい　じゃあ、破産した人はラッキー！　ですネ。

ケルマ　その通りです。『ゆらぎ』を体験するときは、とにかく怒る、泣く、わめく、悲しむ、やさぐれる。それが当たり前。でも、それを乗り越えたときに、とんでもない『ギフト』が発生するんですよ。『ゆらぎ』がマックスになると、『高シナジー』が発生せざるをえなくなります。だからつらいときは、大チャンス。とてつもない災難など、大きな『ゆらぎ』が発生するからこそ、なにかを変えようという動きがちょっと起こります。

## ☆Q15 大切な人を亡くしました……

みれい　実は私にとって、そばにいてほしい人トップ3はもう亡くなっていて。でも、この人たちが亡くなったことによってしかわからなかったことがあるんです。その方々を失って得たものが、凄まじく大きいといいますか。当時は本当に泣いてわめいて怒り狂って。でも、そのおかげで、見えること、わかること、感じられることの幅がスゴく広くなったんですよね。亡くなった人も遠くない。スゴく近いんだなって感じられるようになりましたし。死も生に含まれているんだなって。

ケルマ　目に見えないものは、怖いものではないからね。全ての怒りや悲しみが過ぎ去った後、とても深い安らぎがあります。

みれい　本当にそう思います。それに、亡くなった人たちは自分の中に成分として入っている気がするんです。自分の一部みたいに。特に私の母は亡くなってから、一体感がスゴくて。私だけでなくて、父の中にも入っているんですよ。もともと父は台所に立ったことがなかったのに、母が亡くなってから、ものスゴくおいしいイチゴジャムを作るようになりました。

ケルマ　なにそのスペック（笑）！

みれい　でも、本当に母が作ったみたいにおいしいんです！　他にも母はいろんなところに現れます。

ケルマ　そういうことは本当にありますよね。ある女性の依頼で、コイン占いをしたとき、不思議な結果が出たんです。彼女に「あなた、亡くなったお姉さんいますよね。いつ亡くなったんですか」と聞いたら、数年前に自殺していて。でも、占いの結果では「今お姉さんは彼女と一緒にセラピーの仕事をしている」という情報も出ていたんです。彼女の仕事場にいて、一緒に病気の人々の手助けをしている。おそらくお姉さんは「なんで私は自殺しちゃったのかな」って理解しようとしているんだろうね。

みれい　なるほど……。死んだ人の魂が生きている人のところにいて、続けてなにかまた必要な活動を一緒に行っているんですね。

ケルマ　魂を共有し合うんですね。だから「亡くなったあの人は私の胸の中で生きている」というのは、本当なんですよ。スピリチュアルは物語なのです。人生を本当に深く味わうための、生きることも死ぬこともひっくるめた物語だと思います。物語の力によって、人は前に進んでいけるのですよ。

異次元ポイント

**たまっているものを全部吐き出して、新しい世界の扉を開きましょう**

# おわりに

さて、不思議な話はお楽しみいただけたでしょうか？

みなさんも、不思議な体験をしているはずなのですよ。しかし、この本に登場する『ＡＬＩＥＮ』システムによって、忘れてしまっているのかもしれません。

この本を読んで新しい認識を得たみなさんの目の前には、今から不思議な世界が展開していく可能性があるのですよ。

ある能力者の女性にこの本の原稿を見せたら、彼女はこう言いました。

「ケルマさん、この本ね。誰かに書かされているよ～」

「うん、前作も編集してくれた出版社のおねーちゃんから、頼まれたのだよ」

「違うよ～。その編集さんにも、なにかが働きかけているのよ～」

初めは編集のおねーちゃんから「怖かわいい感じでいきませんか？」と提案されていたのですがね。私は「かわいい」をすっ飛ばして、めちゃ怖くて神妙な気分になる本にしようかな～と企んだのです。

しかし書きあげてみたら、あちこちに小学生ギャグが炸裂する本になってしまいました。さらには、超常文筆家シャイニング・ハットリの登場により、スピリチュアル街道まっしぐらですよ。

「こ、怖かわいくなってる〜っ！」

シャイニング・ハットリがよく言う「宇宙タイミングで……」が、頭の中でエコーしましたね。

2020年に世界を襲ったコロナにより、われわれはどうしても「死」を身近に感じざるを得ませんでした。それを無視することはできないのです。ならば、今改めて「死」や「目に見えない世界」を語る必要があると、私は思うのです。

まさに、「宇宙タイミング」なのかもしれません。

今回も前作に引き続き、青いターミネーターやスーパータカオさん、タク丸翁、ビー坊の面々が登場してくれています。

イラストを描いてくれた、たっぺん、対談を快諾してくださった服部みれいさん、みなさん、ほんとにありがとうございました。

みなさんの手助けがあるから、私は活動できるのだよ。

## ケルマデック

19歳のときから、世界のあらゆる不思議な出来事を追いかけている。
占い、生物学、心理学、物理学、経済学、言語学、文化人類学、料理、アニメからオカルトに至るまで、幅広い分野から得た知識をもとに、独自のセッションやワークショップを30年以上行い、人々をサポートしている。著書に『超常戦士ケルマデック―あらゆる人生に奇跡を起こす不思議な物語』（M.A.P出版）、『人生が大きく変わる！ 時空の超え方』（総合法令出版）、『超常戦士ケルマデック CDブック』（マキノ出版）がある。その他、クリスタルボウルの演奏会やホリスティック医療フォーラム、イラストの個展の開催など、活動は多岐にわたる。




ありえない方法で日常が変わる
# 異次元とつながる本


2020年7月26日　初版発行
2020年8月5日　2刷発行

著　者　ケルマデック
発行者　野村直克
発行所　総合法令出版株式会社
〒103-0001 東京都中央区日本橋小伝馬町15-18
ユニゾ小伝馬町ビル9階
電話　03-5623-5121
印刷・製本　中央精版印刷株式会社

落丁・乱丁本はお取替えいたします。



ISBN 978-4-86280-752-6

総合法令出版ホームページ　http://www.horei.com/